招招狠象棋全攻略破解系列

江湖排局

傅宝胜　朱兆毅　主编

时代出版传媒股份有限公司
安徽科学技术出版社

图书在版编目(CIP)数据

江湖排局 / 傅宝胜,朱兆毅主编. --合肥:安徽科学
技术出版社,2017.7(2022.6重印)
(招招狠象棋全攻略破解系列)
ISBN 978-7-5337-7214-7

Ⅰ.①江… Ⅱ.①傅…②朱… Ⅲ.①中国象棋-残
局(棋类运动) Ⅳ.①G891.2

中国版本图书馆 CIP 数据核字(2017)第 114809 号

江湖排局　　　　　　　　　　　　　　傅宝胜　朱兆毅　主编

出 版 人:丁凌云　　　　选题策划:刘三珊　　　　责任编辑:杨都欣
责任印制:梁东兵　　　　封面设计:吕宜昌
出版发行:安徽科学技术出版社　　　　http://www.ahstp.net
(合肥市政务文化新区翡翠路 1118 号出版传媒广场,邮编:230071)
电话:(0551)63533330
印　　制:三河市人民印务有限公司　　电话:(0316)3650588
(如发现印装质量问题,影响阅读,请与印刷厂商联系调换)

开本:710×1010　1/16　　　印张:12　　　字数:216 千
版次:2022 年 6 月第 2 次印刷

ISBN 978-7-5337-7214-7　　　　　　　　　定价:35.80 元

前　言

　　象棋历史悠久,是中华民族的文化瑰宝,集科学性、艺术性、竞技性、趣味性于一体,以其特有的魅力,吸引着数以万计的爱好者。

　　象棋在培养逻辑思维能力、形象思维能力、空间想象力、指挥能力、应变能力、比较选择能力、计算能力以及大局意识等方面都大有裨益,同时也可以陶冶情操、锻炼意志。

　　本套书中,《入局飞刀》的精妙、《流行布局》的理念、《战术妙招》的组合、《中局杀势》的明快、《杀王技巧》的过程、《妙破残局》的功夫、《和杀定式》的套路、《江湖排局》的奥妙,皆一览无余地展现在读者面前。读者通过本套书的学习,必能迅速提高象棋水平。

　　参加本套书编写的人员有朱兆毅、朱玉栋、靳茂初、毛新民、吴根生、张祥、王永健、吴可仲、金宜民。象棋艺术博大精深,丛书中难免有不当之处,敬请广大读者指正。

编者

目　　录

第1局　声色俱厉

着法:红先(图1)

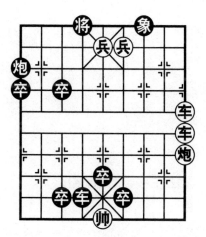

图1

1. 后车平六,炮1平4。

2. 车六退三,前卒平4。

3. 车一平五,卒5进1。

4. 车五退四,卒6平5。

5. 帅五平四,炮4平9。

6. 炮一退三……

如兵四进一,炮9退2;兵四平三,卒4进1;炮一退三,卒4平5;炮一平五,卒5进1;帅四平五,炮9进2;兵三平四,炮9平5,黑胜定。

6. ……卒4进1。

7. 炮一平六,炮9平1。

1

8. 炮六进六, 炮 1 退 1。

如卒 3 进 1, 炮六平二; 炮 1 平 8, 兵四进一; 炮 8 退 2, 兵四平三; 炮 8 进 2, 兵三平四, 红胜。

9. 炮六平九, 卒 3 进 1。

10. 炮九平四, 炮 1 平 6。

如卒 3 进 1, 兵四进一; 炮 1 退 1, 兵四平五; 炮 1 平 5, 炮四进三, 红胜。

11. 兵五平四, 卒 3 进 1。

12. 兵四平五, 卒 3 平 4。

13. 炮四平五。

至此, 黑 4 路卒无法左移, 双方成和。

第 2 局　一顾茅庐

着法: 红先(图 2)

(一)黑方陷阱

后车平六, 车 4 退 2; 车一平六, 车 4 退 1; 炮一进五, 象 5 退 7; 炮二进五, 象 7 进 9; 兵四进一, 马 4 进 5。黑胜定。

(二)正确着法

1. 后车平六, 车 4 退 2。

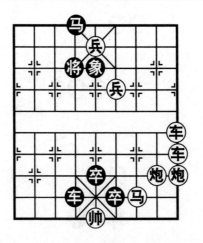

图 2

2. 炮二进五,象 5 退 7。

3. 兵四进一,马 4 进 5。

4. 兵四平五,将 4 平 5。

5. 车一平五,将 5 平 4。

6. 炮一退二,卒 5 进 1。

7. 车五退三,卒 6 平 5。

8. 帅五进一,车 4 进 2。

9. 帅五进一,车 4 平 7。

10. 炮一平五。

双方成和。

第 3 局　二顾茅庐

着法:红先(图 3)

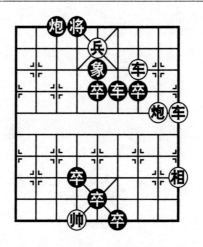

图 3

（一）红方获胜的假象

车三进二,象 5 退 7;炮二进四,象 7 进 5;车一平六,红胜。

（二）黑方陷阱

车三进二,车 6 退 3;车三平四,炮 3 平 6;炮二进四,炮 6 进 4;车一平四,卒 4 进 1,黑胜。

（三）正确着法

1. 兵五进一,将 4 平 5。

2. 车三平五,将 5 平 4。

3. 车五平六,将 4 平 5。

4. 炮二平五,卒 5 进 1。

5. 车一平五,将 5 平 6。

6. 车五退四,卒 6 平 5。

7. 车五退一,炮 3 进 9。

8. 车六退五,炮 3 平 5。

9. 帅六平五,车 6 平 5。

10. 帅五平六,将 6 平 5。

11. 相一进三,卒 7 进 1。

12. 车六平五。

兑车后双方成和。

第4局　三顾茅庐

着法:红先(图 4)

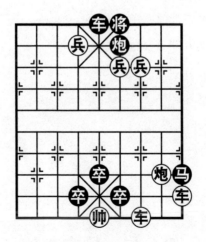

图 4

（一）黑方陷阱

兵四进一,将 6 进 1;车一平四,卒 5 平 6;帅五平四,卒 6 进 1,黑胜。

（二）正确着法

1. 兵四进一,将 6 进 1。

2. 兵三进一,将 6 退 1。

3. 兵三平四,将 6 进 1。

4. 车三进八,将 6 进 1。

如将 6 退 1,车三进一;将 6 进 1,车一平四;卒 5 平 6,车三平五;卒 6 进 1,兵六平五连杀,红胜。

5. 车一平四,卒 5 平 6。

6. 兵六平五,车 5 进 1。

7. 车三平五,卒 6 进 1。

8. 炮二平四,马 9 进 8。

9. 车五退五,卒 6 平 5。

10. 车五退二,卒 4 平 5。

11. 帅五退一。

双方成和。

第 5 局　饮中八仙

着法:红先(图 5)

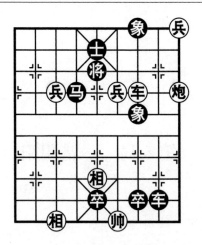

图 5

该局黑方杀机四伏,红方必须巧妙运子,才能守和。

1. 兵四平五,将 5 平 4。

2. 兵五进一……

此着算度深远,自弃拥塞的中兵,为以后运子扫除障碍。如兵五平六惜兵,则将 4 退 1;炮一进二,将 4 退 1,红断将,黑胜。

2.……将 4 平 5。

3. 车三平五,将 5 平 4。

4. 兵七进一,将 4 退 1。

5. 车五平六,士 5 进 4。

6. 兵七平六,将 4 平 5。

如误走将 4 退 1,兵六平五;将 4 平 5,炮一平五,红胜。

7. 车六平五,象 7 退 5。

8. 车五进一,象 7 进 5。

9. 炮一平五,象 5 进 7。

10. 炮五退五,象 7 退 5。

11. 兵六平五, 将 5 平 4。

12. 炮五平二, 卒 7 平 8。

双方成和。

第 6 局　一错阴阳

着法:红先(图 6)

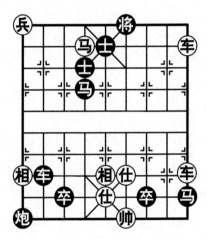

图 6

本局红方无杀着, 而黑方进车可连杀, 红方必须采取有效措施, 方可夺和。

1. 前车平五……

这是解杀的妙招! 如误走前车进一, 红不能连杀, 黑胜。

1. ……车 2 进 2。

2. 相五退七, 车 2 退 7。

3. 仕五退六, 士 4 退 5。

4. 马六退八,马 4 退 2。

5. 车一退一,炮 1 退 9。

6. 车一平三,马 2 进 4。

7. 车三平七,炮 1 平 5。

8. 车七进五,马 4 进 5。

9. 车七平三,士 5 进 6。

10. 车三平五,马 5 退 7。

11. 车五退一,马 7 进 8。

12. 车五平四,将 6 进 1。

13. 仕四退五,将 6 平 5。

14. 车四进二。

至此,形成车和马、炮的正和局面。

第 7 局　议和六国

着法:红先(图 7)

(一)黑方陷阱

1. 马八进六,车 5 退 6;车二平五,车 8 平 4,黑胜。

2. 车二进三,车 5 平 2;帅六平五,马 5 退 7;帅五平六,车 2 退 5;车二平六,马 7 进 5;帅六退一,马 5 退 6 抽车,黑胜。

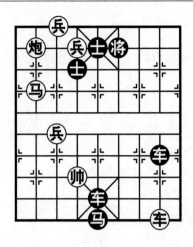

图 7

（二）正确着法

1. 兵六平五,将6进1。

2. 车二进三,车5退2。

3. 帅六退一,马5退6。

4. 帅六进一,马6退8。

如误走车5平8,则炮八退一,红方连杀。

5. 炮八退一,士4退5。

6. 马八进六,车5退4。

7. 炮八平五,士5进4。

8. 炮五退四。

双方成和。

第 8 局　一收袁达

着法:红先(图 8)

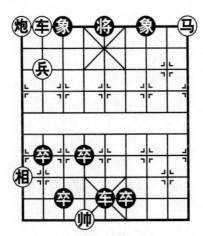

图 8

该局黑方杀机四伏,红方必须着法精准,方可守和。

1. 马一退三……

正着。如误走车八平七,则坠入黑方陷阱。以下将 5 进 1,红不成杀,黑胜定。

1. ……将 5 平 6。

如将 5 平 4,马三退五;将 4 平 5(如车 5 退 6 或象 7 进 5,红均车八退一杀;再如将 4 进 1,红则车八退一,再炮九退二杀),马五进七;将 5 平 6,车八平七;将 6 进 1(车 5 退 8,车七平五,殊途同归),炮九退一;车 5 退 7,车七平五;车 5 平 4,车五退七(车五平六,卒 3 平 4,黑连杀),红胜定。

2. 马三退五, 车 5 退 6。

3. 车八退一, 车 5 退 2。

4. 车八平五, 卒 4 进 1。

5. 车五进一, 将 6 进 1。

6. 车五平四, 将 6 平 5。

7. 车四退八, 卒 4 进 1。

8. 车四平六, 卒 3 平 4。

9. 帅六进一。

双方成和。

第 9 局　二收袁达

着法:红先(图 9)

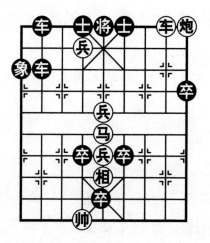

图 9

1. 兵六平五, 将 5 进 1。

2. 车二退一,将 5 进 1。

3. 前兵进一,将 5 平 4。

4. 前兵进一,将 4 平 5。

5. 车二退一,将 5 退 1。

6. 马五进六,将 5 平 4。

如前车平 4,则车二进一;将 5 进 1,马六退四;将 5 平 6,马四进二;将 6 平 5,马二进三;将 5 平 6,车二退一;将 6 退 1,炮一退一,红胜。

7. 马六进八,将 4 平 5。

如车 2 进 2,车二平八;卒 4 进 1,车八进一;将 4 进 1,炮一平六;将 4 平 5,车八平六;卒 4 平 3,兵五进一;卒 6 进 1,兵五进一;卒 6 进 1,兵五进一;将 5 平 6,车六退四;将 6 退 1,兵五进一,红胜。

8. 车二进一,将 5 进 1。

9. 炮一退二,车 2 进 2。

10. 车二退一,将 5 退 1。

11. 车二平八,卒 4 进 1。

12. 车八退六,卒 4 进 1。

13. 车八平六,卒 5 平 4。

14. 帅六进一,卒 6 平 5。

15. 相五进三,卒 9 进 1。

16. 炮一平八。

控制卒,双方成和。

第 10 局　拔寨回川

着法:红先(图 10)

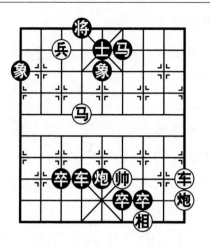

图 10

（一）黑方陷阱

车一进七，马 6 退 8；车一平二，象 5 退 7；车二平三，士 5 退 6；车三平四，炮 5 退 7。

反照，黑胜。

（二）正确着法

1. 车一进七，马 6 退 8。

2. 车一平二，象 5 退 7。

3. 车二平三，士 5 退 6。

4. 马六进五，将 4 平 5。

5. 车三平四，将 5 进 1。

6. 兵七平六，将 5 平 4。

7. 车四平六，将 4 平 5。

8. 车六退七,卒 3 平 4。

9. 马五进三,将 5 平 4。

10. 炮一平四,炮 5 进 1。

11. 马三退四,炮 5 平 3。

12. 炮四平五,炮 3 退 1。

13. 炮五进一,卒 4 平 5。

14. 帅四平五。

双方成和。

第 11 局　尧夫赠麦

着法:红先(图 11)

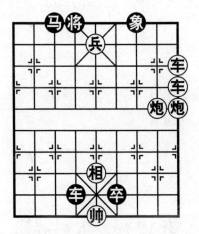

图 11

（一）黑方陷阱

后车平六,车 4 退 5;车一平六,马 3 进 4;炮一进四,马 4 退 5;炮二退五,车 4 进 5;兵五进一,将 4 进 1;炮一退八,卒 6 平 5;帅五平四,车 4 退 2,黑胜。

（二）正确着法

1. 前车平六,马 3 进 4。

2. 炮二退五,卒 6 平 5。

3. 帅五平四,车 4 退 2。

4. 车一平四,车 4 进 3。

因红方有车四进三和炮一进四的攻击手段,黑进车解杀也是必然。

5. 炮二平六,马 4 进 6。

6. 炮一平五,马 6 退 5。

7. 炮五退四,马 5 进 7。

双方成和。

第 12 局　大鹏展翅

着法:红先(图 12)

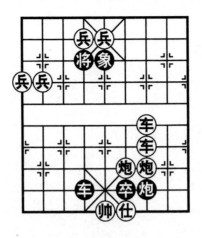

图 12

（一）黑方陷阱

后车平六,车 4 退 2;车三平六,车 4 退 1;炮三进五,象 5 进 7;炮四进五,炮 7 退 6,黑胜。

（二）正确着法

1. 前车平六,车 4 退 3。

2. 仕四进五,炮 7 退 2。

3. 炮四进七,炮 7 平 5。

4. 仕五进六,炮 5 退 5。

5. 兵六平五,象 5 进 7。

6. 兵八平七,车 4 平 5。

7. 帅五平六,车 5 退 4。

8. 兵七平六,将 4 退 1。

9. 兵九平八,车 5 进 6。

10. 帅六进一,车 5 平 7。

11. 炮四退三,车 7 退 2。

12. 兵八平七,车 7 平 6。

13. 炮四平五,将 4 平 5。

14. 炮五退六,将 5 退 1。

15. 炮五进二。

双方成和。

第 13 局　一箭双雕

着法:红先(图 13)

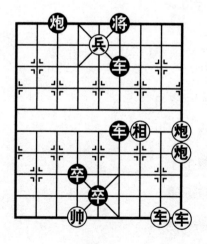

图 13

（一）红方获胜的假象

前炮平四,车 6 进 3;炮一平四,车 6 进 1;车一进九,炮 3 平 9;车二进九,红胜。

（二）正确着法

1. 前炮平四,车 6 进 3。

2. 炮一平四,车 6 平 7。

3. 车一进九,车 7 退 5。

4. 车一平三,炮 3 平 7。

5. 炮四退二,卒 5 平 4。

6. 帅六平五,后卒平 5。

7. 兵五平四……

因黑方有卒 5 进 1 的连杀手段,红如帅五平四先避一手,则卒 5 进 1;兵五平四,将 6 进 1;车二进八,将 6 退 1;车二退七,卒 4 进 1,黑胜。

7. ……将 6 进 1。

8. 车二进八,将 6 退 1。

9. 车二平五,卒 5 进 1。

10. 车五退七,卒 4 平 5。

11. 帅五进一。

双方成和。

第 14 局　十二宫辰

着法:红先(图 14)

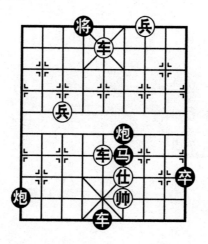

图 14

(一)黑方陷阱

后车退三,马 6 退 4;帅四平五,马 4 进 3;帅五进一,炮 1 退 1,黑胜。

(二)正确着法

1. 后车平四,车 5 退 8。

2. 车四进一,车 5 进 6。

3. 兵三平四,将 4 进 1。

4. 车四平六……

如车四进四,将 4 进 1;兵七进一,卒 9 平 8;兵七平六,将 4 平 5;车四退二,炮 1 退 5;兵六进一,将 5 平 4;车四平九,卒 8 平 7;车九平四,卒 7 进 1;帅四退一,将 4 平 5;仕四退五,车五进一,黑胜。

4. ……将 4 平 5。

5. 车六进五,将 5 平 6。

6. 车六平五,车 5 退 7。

7. 兵四平五。

双方成和。

第 15 局　七星对阵

着法:红先(图 15)

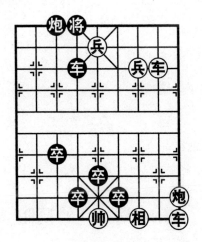

图 15

1. 炮一平六,车 4 平 6。

如车 4 进 6,车一进九连杀。

再如车 4 平 7,车一进九;车 7 退 2,车二平六,红胜。

2. 车一进九,车 6 退 2。

3. 车一平四,炮 3 平 6。

4. 兵五进一……

打破常规!此时若沿袭旧法走帅五平六,黑则卒 5 进 1。以下红有兵五进一和炮六进六两种着法,均难逃败局。读者可以自演。

4. ……将 4 平 5。

若将 4 进 1,车二进一;将 4 进 1,车二平五;卒 5 进 1,车五退七;卒 6 平 5,帅五进一,速和。

5. 帅五平六,炮 6 进 6。

6. 兵三进一,炮 6 平 4。

7. 炮六平九,卒 5 平 4。

8. 炮九平六,卒 6 平 5。

9. 车二平五,将 5 平 6。

10. 车五退六,卒 4 平 5。

11. 帅六平五,卒 5 进 1。

12. 帅五进一。

至此,双方成和。

第 16 局　三错阴阳

着法:红先(图 16)

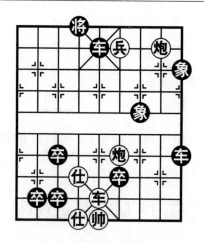

图 16

1. 车五进七,车 9 进 3。

2. 帅五进一,前卒平 4。

3. 帅五平六,车 9 平 5。

如卒 6 进 1 催杀,则车五平六;将 4 平 5,兵四平五;将 5 平 6,炮二平四,红胜。

再如车 9 退 1,仕六进五;卒 2 平 3,帅六退一;车 9 进 1,仕五退四;卒 6 平 5,以下红车五平六连杀。

4. 车五平六……

如车五退八贪车,则卒 6 进 1;仕六进五,卒 2 平 3;帅六退一,前卒进 1;帅六进一,后卒进 1,红无解。

4. ……将 4 平 5。

5. 兵四平五,车 5 退 8。

6. 车六平五,将 5 进 1。

7. 炮二退七,卒 6 进 1。

8. 仕六进五,卒 2 平 3。

23

9. 帅六退一,后卒进 1。

10. 炮四平五,将 5 平 4。

11. 炮五平六,将 4 平 5。

12. 炮六平五。

红炮遮将守和。黑不可以象走闲,否则红炮打卒获胜。

第 17 局　双龙戏珠

着法:红先(图 17)

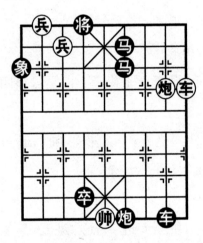

图 17

(一)黑方陷阱

车一进三,后马退 8;车一平二,马 6 退 7;车二平三,炮 6 退 9。

反照,黑胜。

（二）正确着法

1. 车一进三,后马退8。

2. 车一平二,马6退7。

3. 炮二平八,车8平9。

鉴于黑方陷阱,红平炮解杀,将计就计,也给黑方设下陷阱。黑如未及时察觉,贸然走出车8退9,则炮八进二;马7进5,兵八平七;马5退3,炮八进一闷杀。

4. 车二平一,车9平7。

5. 车一平三,车7退9。

6. 兵八平七……

如炮八进二,车7平5;帅五平四,车5进5;炮八平九,将4平5,红无杀,黑胜。

6. ……象1退3。

7. 炮八进三,象3进5。

8. 炮八平三,象5退7。

9. 帅五平四。

双方成和。

第18局　二车先行

着法:红先(图18)

25

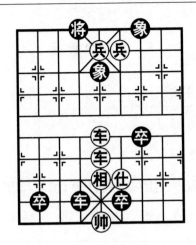

图 18

1. 前车平六,车 4 退 3。

2. 仕四退五,卒 2 平 3。

此着至关重要,如误走车 4 进 3 催杀,车五平六;车 4 退 2,兵四进一,红胜。

3. 车五平四……

如兵四进一,卒 6 平 5;帅五进一,卒 3 平 4;帅五退一,卒 4 进 1;帅五进一,车 4 进 3,黑胜。

3. ……卒 3 平 4。

4. 车四退二,卒 4 平 5。

5. 帅五进一,车 4 进 3。

6. 帅五退一,车 4 平 6。

7. 相五进三,车 6 退 3。

8. 相三退一……

如误走相三退五,车 6 平 5;帅五进一,象 5 进 3,红方欠引,黑险胜。

8. ······车 6 平 5。

9. 帅五平四，车 5 进 3。

10. 帅四进一。

以下红方利用黑车需防守红兵的进攻而以相走闲，双方成和。

第 19 局　跃马还乡

着法：红先（图 19）

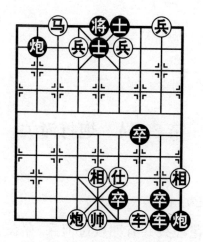

图 19

该局黑方杀机四伏，红方要想守和，必须找出有效而巧妙的着法。

1. 兵六平五，士 6 进 5。

2. 兵四平五，将 5 平 4。

3. 马七退六，炮 2 平 4。

4. 马六退八，炮 4 平 1。

5. 马八退六，炮 1 平 4。

6. 马六退七,炮 4 平 1。

7. 马七退六,炮 1 平 4。

红方跃马还乡,进入防守阵地。

8. 马六退四,炮 4 平 1。

9. 车三平二,卒 8 进 1。

10. 仕四退五,卒 6 平 5。

11. 帅五进一,炮 9 平 6。

12. 兵二平三,炮 1 退 1。

13. 相五进三,炮 1 平 7。

14. 炮六平二。

双方成和。

第 20 局　炮打潼关

着法:红先(图 20)

此局红方包括花心兵共有四枚过河兵,存在多子可以取胜的假象。

1. 兵九平八……

如因贪胜而走兵一平二,计划下一着再兵二平三形成绝杀,则跌入黑方陷阱。

以下炮 3 平 5,兵九平八(如兵四进一,炮 5 退 6;兵四进一,将 6 平 5;仕五进六,炮 5 平 6;兵四平五,炮 6 进 8;兵二平三,炮 6 平 5,驱中兵,黑胜);炮 5 退 6,兵二平三;将 6 平 5,仕五退六;炮 5 平 4,兵四

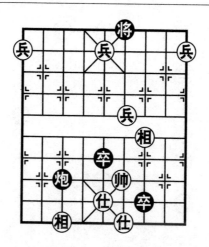

图 20

平五;将 5 进 1,兵三进一;炮 4 进 6,兵五进一;炮 4 平 5,兵八平七;炮 5 退 4,黑胜。

1.······炮 3 平 5。

2.兵八平七,炮 5 退 6。

3.兵七平六,将 6 进 1。

4.兵六平五,将 6 平 5。

5.兵四平五,将 5 进 1。

6.兵五进一,将 5 平 4。

7.兵一平二,卒 7 平 8。

双方成和。

第 21 局　双伯攻城

着法:红先(图 21)

29

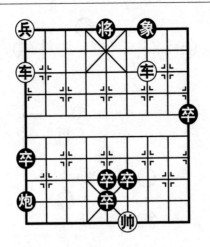

图 21

(一)黑方陷阱

车三进二,将 5 进 1;车三退一,将 5 退 1;车九平五,将 5 平 6;车五平四,将 6 平 5;车四进一,前卒平 6;帅四平五,卒 5 进 1。

以下黑卒借将"三星赶月"连杀。

(二)正确着法

1. 车三进二,将 5 进 1。

2. 车三退一,将 5 退 1。

3. 车九平五,将 5 平 6。

4. 车五平四,将 6 平 5。

5. 车三退八,卒 1 平 2。

6. 车四进一,卒 6 进 1。

7. 车四退七,前卒平 6。

8. 帅四进一,卒 5 进 1。

9. 帅四退一,卒 2 进 1。

10. 车三进五,卒 2 进 1。

11. 车三平五,将 5 平 4。

12. 车五平一,卒 2 平 3。

上一着红如车五进三,卒 5 平 6;帅四平五,炮 1 进 1,黑胜定。

13. 车一平九,炮 1 平 2。

14. 车九平八,将 4 平 5。

15. 车八平五,将 5 平 4。

16. 车五平八。

双方成和。

第 22 局　雁落沙滩

着法:红先(图 22)

该局有红方回马去车后呈多子取胜的假象。

1. 马六退五,将 6 平 5。

2. 兵三平四,士 5 进 6。

3. 兵四进一……

红弃兵引将,是谋和的关键。如误走兵七进一,象 5 进 3;兵三进一,卒 4 进 1;马五退六,卒 5 进 1,"长虹贯日"杀。

3. ……将 5 平 6。

4. 兵六平五……

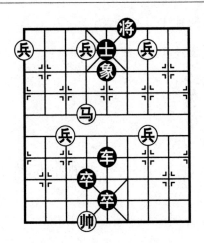

图 22

红兵前仆后继,阻碍、延缓黑将进中,为未过河兵渡河参战争取时间。

4. ……士 6 退 5。

5. 兵三进一,象 5 进 7。

6. 兵七进一,将 6 平 5。

7. 兵七平六,士 5 进 6。

8. 兵六平五。

双方成和。

本局中,红方首着也可改走兵三平四,将 6 进 1;马六退五,以下黑有将 6 进 1 和士 5 进 6 两种着法,均可成和。读者可自行演练。

第 23 局　二将守关

着法:红先(图 23)

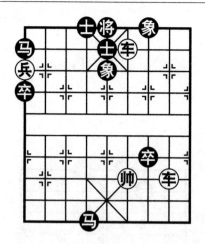

图 23

乍看此局,红方兵多将广;但黑方马、卒占位极佳,足可与红方抗衡。

1. 兵九进一,卒 1 进 1。

2. 兵九平八,卒 1 进 1。

3. 兵八平七,卒 1 平 2。

4. 兵七平六,卒 2 平 3。

5. 车四退四……

红退车于河口控卒,为谋和要着。如改走车四退二,则卒 3 平 4;车四退二,卒 4 平 5;车四进二,卒 5 平 4,也可成和。

5. ……象 5 进 3。

目前黑方只能走动中象。如改走卒 3 平 4 或卒 3 进 1,红则兵六进一,黑必丢马,红胜。

6. 车二平一,象 3 退 5。

7. 车一平二,象 5 进 3。

双方成和。

第 24 局 田单掠阵

着法:红先(图 24)

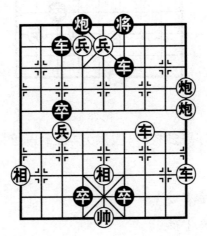

图 24

该局双方剑拔弩张,但通过一番兑子后,可以简单成和。

1. 前炮平四,车 6 进 1。

2. 炮一平四,车 6 平 7。

如车 6 进 1,则车一进七;炮 4 平 9,车三进五。这是红方极易获胜的假象。

3. 车一进七,炮 4 平 9。

4. 车三进二,卒 4 平 5。

5. 帅五平六,车 3 平 4。

弃车叫将,唯此不能解杀。

6. 兵五平六,卒 6 进 1。

7. 车三退六,卒 6 平 7。

8. 相五退三,卒 3 进 1。

9. 相九进七。

双方成和。

第 25 局　巧破连环

着法:红先(图 25)

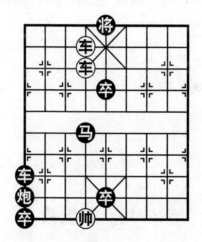

图 25

该局构思巧妙。双方斗智斗勇,通过解杀还杀,终成和局。

1. 前车进一……

必须通过照将迫使黑将登顶,如后车平五,将 5 平 6;车五平四,将 6 平 5;车六退四,车 1 平 6;车六进二(车四退五,卒 1 平 2,黑胜),车 6 退 5,黑胜定。

1. ……将 5 进 1。

2. 后车进一,将 5 进 1。

3. 前车平五,将 5 平 6。

4. 车五平四,将 6 平 5。

5. 车六退四,车 1 平 6。

6. 车六进二,车 6 退 7。

7. 车六平五,将 5 平 6。

8. 车五平四,将 6 平 5。

9. 车四进三,卒 1 平 2。

催杀紧着! 如误走将 5 退 1,则车四平八,红方胜定。

10. 车四平五,将 5 平 6。

11. 车五退八,卒 2 平 3。

12. 帅六进一,炮 1 平 5。

13. 帅六平五。

双方成和。

第 26 局　　长坂救主

着法:红先(图 26)

1. 车一进二……

如误走车三平四催杀,则跌入黑方陷阱,以下象 5 退 7,车一进二;卒 8 平 7,相五退三;卒 5 进 1,帅四进一;卒 4 平 5,帅四进一;车 4 进 6,黑胜。

1. ……象 5 退 7。

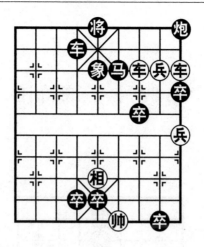

图 26

2. 车三进二，马 6 退 7。

3. 车一平三，将 5 进 1。

4. 车三退一，将 5 退 1。

5. 车三平六，卒 7 进 1。

6. 车六退五……

如误走车六退四，卒 7 进 1；车六平五，将 5 平 4；车五平三，卒 7 进 1；车三退二，卒 4 进 1，黑胜。

6. ……卒 7 平 6。

7. 兵二平三，卒 4 进 1。

8. 车六退三，卒 6 进 1。

9. 车六平五，卒 8 平 7。

上一着红如误走车六进六，则卒 6 进 1；车六平五，将 5 平 4；车五平四，卒 6 进 1；车四退五，卒 8 平 7，黑胜。

10. 相五退三，卒 5 进 1。

11. 帅四进一。

双方成和。

第 27 局　二郎降怪

着法:红先(图 27)

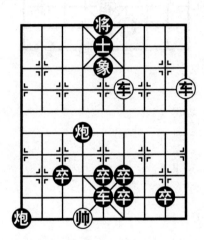

图 27

该局黑方子力强大,红方要以双车守和必须着法精准。

1. 车一进三,象 5 退 7。

2. 车一平三,士 5 退 6。

3. 车四进三,将 5 进 1。

4. 车四平五,将 5 平 4。

5. 车五平六,将 4 平 5。

6. 车三平五,将 5 平 6。

7. 车六退一,将 6 进 1。

8. 车六退四,车 5 平 4。

9. 车六退三……

如误走帅六进一,则卒 3 进 1;帅六退一,卒 3 进 1;帅六进一,前卒平 5,黑连杀。

9. ……卒 3 平 4。

10. 车六进一……

如车六平九,前卒平 5;车五平六,卒 4 进 1;车六退八,前卒平 4;车九平六,卒 8 进 1,黑呈胜势。

10. ……卒 5 平 4。

11. 车五平四,将 6 平 5。

12. 车四退七,炮 1 退 9。

13. 车四平六,炮 1 平 5。

14. 车六进五,将 5 退 1。

15. 帅六进一,卒 6 平 5。

16. 帅六进一,卒 8 平 7。

双方成和。

第28局　金鸡报喜

着法:红先(图 28)

(一)黑方陷阱

炮二平四,车 6 平 4(红方希望黑方走车 6 进 4,这样可以车二进

39

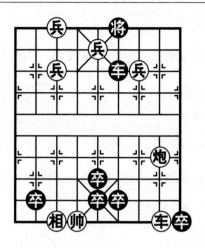

图 28

九胜）；后兵平六，前卒平 4；帅六进一，卒 2 平 3；帅六退一，卒 3 进
1；帅六进一，卒 6 平 5，黑胜。

（二）正确着法

1. 炮二平五，前卒平 4。

2. 帅六进一，卒 2 平 3。

3. 帅六退一，卒 3 进 1。

4. 帅六进一，卒 6 平 5。

5. 炮五退二，卒 5 进 1。

6. 帅六平五，车 6 平 5。

7. 帅五平六，卒 9 平 8。

8. 兵三平四，车 5 退 1。

9. 后兵平六，车 5 平 3。

10. 兵六平五，车 3 退 1。

11. 兵五进一,车 3 进 8。

12. 帅六进一,车 3 平 6。

13. 兵四进一,车 6 退 7。

14. 兵五平四,将 6 进 1。

双方成和。

第29局　小　潭　溪

着法:红先(图 29)

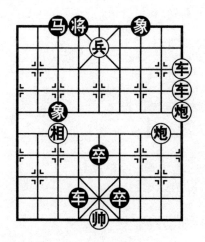

图 29

(一)黑方陷阱

后车平六,车 4 退 5;车一平六,马 3 进 4;炮一进四,马 4 退 5;炮二退四,车 4 平 5;炮一退七,卒 5 进 1,黑胜。

（二）正确着法

1. 前车平六,马 3 进 4。

2. 炮二退四,马 4 进 6。

3. 炮一退四,卒 6 平 5。

如走车 4 退 5,车一平四;车 4 平 6,炮一进八;车 6 退 3,炮二进九,红胜。

4. 帅五平四,车 4 退 5。

5. 车一平三,马 6 退 5。

6. 车三平六,马 5 进 4。

7. 炮二进一,马 4 进 3。

8. 炮一平五,卒 5 进 1。

9. 炮五平三,马 3 进 5。

10. 帅四平五,马 5 进 7。

11. 炮三平四,将 4 平 5。

12. 炮二平三,卒 5 进 1。

13. 炮三平五,马 7 进 5。

双方成和。

第 30 局　双龙归天

着法:红先(图 30)

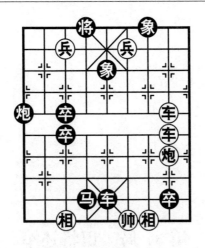

图 30

（一）黑方陷阱

后车平六,前卒平 4;车二平六,炮 1 平 4;炮二进六,象 7 进 9;兵四进一,象 5 退 7;兵四平五,车 5 退 8;帅四进一,卒 8 平 7,黑胜。

（二）正确着法

1. 前车平六,炮 1 平 4。

2. 炮二平六,前卒平 4。

黑如炮 4 平 6,红则兵七平六,可以连杀。

3. 炮六进二,卒 8 平 7。

如马 4 退 5,车二平三;马 5 退 7,兵四平五,红胜。

4. 炮六退四,车 5 平 4。

5. 帅四平五,卒 7 平 6。

6. 车二退三,卒 4 平 5。

7. 车二平四, 车 4 平 6。

8. 兵四平五, 车 6 平 4。

9. 兵七平六, 车 4 退 7。

10. 兵五平六, 将 4 进 1。

11. 相七进九。

双方成和。

第 31 局　　识将还军

着法:红先(图 31)

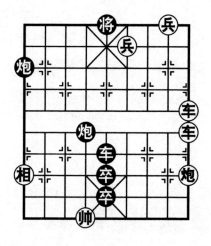

图 31

(一)红方极易获胜的假象

后车平五,车 5 退 1;车一平五,车 5 退 1;炮一进七,红胜。

44

(二)正确着法

1. 后车平五……

如误走后车平六催杀,则前卒进1;帅六平五,卒5平4;帅五平六,车5进3,黑胜。

1.……炮1平5。

2. 兵四进一……

如误走车五平六,炮5平4;车六平五,将5平4;车五进五,车5退6;车一进二,炮4退1,黑胜定。

2.……将5平6。

3. 车一平四,将6平5。

4. 车五平六,炮5平4。

5. 车六进三,后卒平4。

6. 车四进四,将5进1。

7. 车四退一,将5平6。

8. 车六退五,车5平2。

9. 车六进六,将6进1。

10. 炮一平七,车2进1。

11. 车六进一,车2平1。

12. 车六平七。

以下红炮长拦黑车,双方成和。

第32局　石燕拂云

着法:红先(图32)

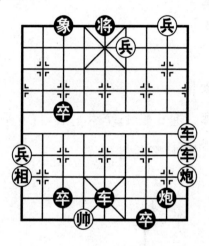

图32

(一)红方极易获胜的假象

后车平五,车5退2;车一平五,车5退1;炮一进七,红胜。

(二)正确着法

1. 后车平五,象3进5。

2. 兵四进一……

此着与"识将还军"解杀方法相同,因此该局又名"小识将"。如误走车五退二,则卒3平4;帅六平五,炮8进1,黑胜。这是黑方又一

46

陷阱。

2. ……将 5 平 6。

3. 车一平四, 将 6 平 5。

4. 车五退二, 卒 3 平 4。

5. 帅六平五, 炮 8 进 1。

6. 车四退四, 卒 7 平 6。

7. 帅五平四, 卒 4 平 5。

8. 炮一平五, 象 5 退 3。

9. 兵九进一, 炮 8 退 3。

10. 炮五进一, 炮 8 退 1。

11. 兵九进一, 炮 8 退 1。

12. 炮五进二, 卒 3 进 1。

13. 相九进七, 炮 8 平 1。

双方成和。

第 33 局　三醉岳阳

着法:红先(图 33)

该局红方没有容易获胜的假象;相反,黑方好似势不可当。但红方可以施展巧妙着法弈和。

1. 前兵平四, 将 6 进 1。

2. 车八进二, 将 6 退 1。

3. 车八平四, 将 6 进 1。

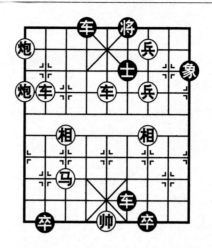

图 33

4. 车五进二,将 6 退 1。

5. 车五平四,将 6 进 1。

红方连弃双车一兵,为兑子求和自拆障碍。

6. 后炮平四,车 6 退 5。

7. 前兵平四,车 4 进 8。

8. 马七退八,车 4 平 2。

9. 马八进六,车 2 平 4。

10. 炮九退八,车 4 平 7。

11. 相三退五,车 7 退 2。

12. 炮九平三,将 6 平 5。

13. 兵四平五,车 7 退 3。

14. 相七退九,车 7 平 5。

15. 相九退七。

双方成和。

第 34 局　孙庞斗智

着法:红先(图 34)

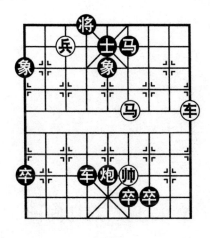

图 34

(一)红方容易获胜的假象

车一进四,马 6 退 8;车一平二,象 5 退 7;车二平三,士 5 退 6;车三平四,炮 5 退 7,反照,黑胜。

(二)正确着法

1. 车一进四,马 6 退 8。

2. 车一平二,象 5 退 7。

3. 车二平三,士 5 退 6。

4. 马四进五,将 4 平 5。

5. 车三平四,将 5 进 1。

6. 兵七平六,将 5 平 4。

如误走车 4 退 6,马五进三;车 4 进 6,车四退一;将 5 进 1,车四平六,红胜。

7. 车四平六,将 4 平 5。

8. 车六退七,炮 5 进 2。

9. 车六平九,象 1 进 3。

10. 车九进二,象 3 退 5。

11. 帅四平五。

双方成和。

第 35 局　双马同槽

着法:红先(图 35)

1. 车一进五,后马退 8。

2. 车一平二,马 6 退 7。

3. 马二进三……

如车二平三,黑则炮 6 退 9 反照胜。此乃本局黑方的陷阱。现红跃马兑车解杀,系谋和关键。

3. ……车 8 退 9。

如改走车 8 平 7 保持抽杀之势,则马三进四;士 4 退 5,兵七进一;将 4 平 5,炮九进七;车 4 退 8,车二平三;车 7 退 9,兵七平六;将 5 平 4,炮九平三,红多子,胜定。

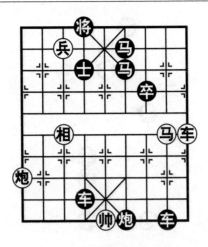

图 35

4. 马三进四,士 4 退 5。

5. 兵七进一,将 4 平 5。

如误走将 4 进 1,则马四退五;将 4 进 1,马五退七;将 4 退 1,马七进八;将 4 进 1,炮九进五,红胜。

6. 炮九进七,车 4 退 8。

7. 马四进二,炮 6 退 9。

8. 炮九平六,炮 6 平 4。

9. 兵七平六,将 5 平 4。

双方成和。

第 36 局　四生投学

着法:红先(图 36)

1. 兵六进一,将 4 平 5。

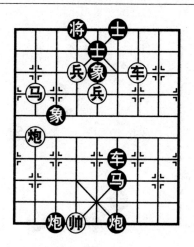

图 36

2. 兵六进一，士 5 退 4。

3. 车三平五……

弃车杀象，谋和要着。如改走马八进六，则将 5 进 1；车三进一，车 6 退 5，红无杀；黑多子，胜定。

3. ……士 6 进 5。

黑只能士 6 进 5，如改走士 4 进 5 或象 3 退 5，红均可连杀。

4. 马八进六，将 5 平 6。

5. 炮八进五，将 6 进 1。

6. 车五平四，将 6 进 1。

7. 炮八退二，象 3 退 5。

8. 兵五进一，将 6 退 1。

9. 兵五平四，将 6 退 1。

10. 炮八进二，炮 3 退 9。

11. 兵四进一，车 6 退 5。

12. 马六进七，士 5 进 4。

如士 5 进 6,马 7 退 6;士 4 进 5,马六进八,成绝杀。

13. 马七退六,士 4 进 5。

14. 马六进八,马 6 进 5。

15. 帅六平五,将 6 平 5。

16. 马八退六,将 5 平 6。

17. 马六进四,将 6 进 1。

双方成和。

第 37 局　大金鸡

着法:红先(图 37)

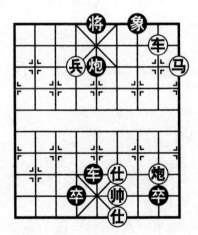

图 37

1. 炮二平五,将 5 平 6。

2. 车二平四,将 6 进 1。

3. 马一退三,炮 5 平 7。

以下两种着法也可成和:甲.将 6 进 1,兵六平五;象 7 进 5,炮五退一;卒 4 平 5,仕四进五成和。乙.将 6 退 1,马三进五;象 7 进 5,炮五退一;卒 4 平 5,仕四进五亦和。

4. 炮五退一,卒 4 平 5。

5. 帅四平五,将 6 退 1。

6. 兵六进一,将 6 进 1。

7. 兵六平五,将 6 进 1。

8. 马三退四,炮 7 进 2。

9. 马四退六,卒 8 平 7。

10. 马六退八,象 7 进 9。

11. 马八进七,炮 7 平 3。

双方成和。

第 38 局　观灯十五

着法:红先(图 38)

1. 车一进三,士 5 退 6。

2. 炮二进三,士 6 进 5。

如误走将 5 进 1,则车一退一;将 5 进 1,炮二退二;士 6 退 5,车三进一;士 5 进 6,车三平四,红胜。

3. 炮二退七,士 5 退 6。

4. 车三平五,象 3 退 5。

如改走将 5 平 4,则车一平四;将 4 进 1,车五平六;将 4 平 5,炮二

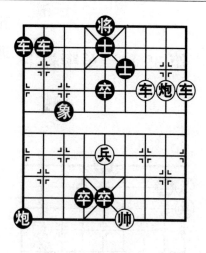

图 38

平五,红胜。

5. 车五进一,将 5 平 4。

6. 车五平六,将 4 平 5。

7. 炮二平五,车 2 平 5。

8. 车一平四,将 5 平 6。

9. 车六进二,车 5 退 1。

10. 车六平五,将 6 进 1。

11. 车五退一,将 6 退 1。

12. 车五平九,炮 1 平 3。

13. 车九退八,卒 4 进 1。

14. 车九平七,卒 4 平 3。

15. 兵五进一。

双方成和。

第39局　单鞭救主

着法:红先(图39)

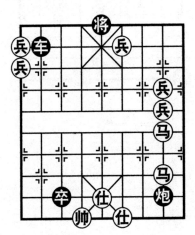

图 39

该局红方首着以兵去车后,给人一种多子必胜的假象。

1. 前兵平八,卒 3 进 1。

如误走卒 3 平 4,帅六平五,黑无杀,红胜定。

2. 帅六平五,炮 8 退 3。

3. 马二退四……

如兵八平七,炮 8 平 2,黑胜。

3. ……炮 8 进 3。

4. 马四进二,炮 8 退 4。

5. 马二退四,炮 8 进 4。

6. 马四进二,炮 8 退 5。

7. 马二退四,炮 8 平 1。

8. 兵四进一……

红弃兵引将,系谋和要着。如急走马四进五,则炮 1 平 5;兵八平七,将 5 平 4,铁门栓杀。

8. ……将 5 进 1。

9. 马四进五,炮 1 平 5。

10. 兵九平八,将 5 平 4。

11. 前兵平七,将 4 进 1。

12. 兵八平七,将 4 平 5。

13. 前兵平六,炮 5 进 2。

双方成和。

第 40 局　子胥过关

着法:红先(图 40)

1. 炮三进九,车 6 平 7。

2. 炮二平四……

如炮二进九,车 7 进 3(红方以为黑方会走车 7 平 8,则车一平六,红胜。这也是黑方精心设计的陷阱);车一平六,卒 3 平 4;车六进二,车 7 平 4,黑胜定。

再如车一进三,卒 6 平 7;车一平四,卒 7 进 1,黑亦胜。

2. ……车 7 平 8。

如车 7 平 6,车一进三;炮 1 退 7,后兵进一,红方可胜。

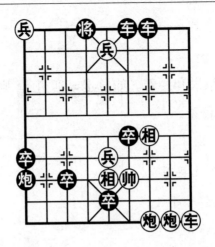

图 40

3. 车一进九,炮 1 退 7。

如车 8 平 9,兵九平八,红胜。

4. 车一平二,炮 1 平 8。

5. 炮四进四,炮 8 平 5。

黑献炮暗设陷阱,红如炮四平五,兑炮后互进兵卒,黑可捷足先登。

6. 兵五进一,将 4 平 5。

7. 炮四退一,卒 1 进 1。

8. 炮四平二,卒 3 平 4。

9. 相五进七,卒 1 平 2。

双方成和。

第 41 局　忙里偷闲

着法:红先(图 41)

58

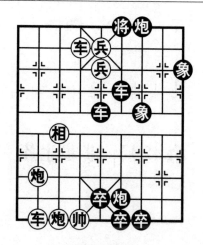

图 41

1. 炮八平三……

如炮八平四,车 6 平 4(红方希望黑走车 6 进 4,车八进九;炮 7 平 2,车六进一,红胜。这是红方极易获胜的假象);车六退二,车 5 平 4;车六退一,卒 6 平 5;炮七平五,炮 6 进 1;炮五平三,炮 7 进 9,黑胜。这是黑方所设的陷阱。

再如炮八平六,车 5 平 2;炮六平三,卒 6 平 5;炮七平五,炮 6 进 1;炮五平三,车 2 进 5,黑胜。

1. ……卒 6 平 5。

2. 炮七平五,炮 6 进 1。

3. 炮五进五……

如炮五平三,炮 6 平 2;后炮平八,车 5 平 6,黑胜定。

3. ……炮 6 平 2。

4. 前兵平四,车 6 退 2。

5. 车六平四,将 6 进 1。

6. 炮三进七,象 9 退 7。

7. 相七退五,卒 5 平 6。

8. 兵五平六。

双方成和。

第 42 局　步步生莲

着法:红先(图 42)

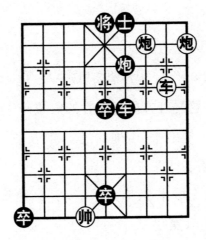

图 42

1. 炮三进一,将 5 进 1。

2. 车二进二,将 5 进 1。

如炮 6 退 1,车二退三抽车,红胜定。

3. 炮一退一,炮 6 退 1。

4. 车二退一,将 5 退 1。

5. 车二平四,车 6 进 5。

如车 6 退 2,炮三退一;将 5 退 1,炮一进二;士 6 进 5,炮三进一,

60

红胜。

再如车 6 平 9,炮三退一;将 5 退 1,车四平五;士 6 进 5,车五进一;将 5 平 6,炮一平四,红胜。

6. 车四退七,卒 1 平 2。

7. 车四进八,将 5 平 6。

8. 炮三退九,后卒进 1。

9. 炮三平八,后卒进 1。

10. 炮八进四,后卒进 1。

11. 炮八平五,后卒平 4。

12. 炮一退六,卒 4 进 1。

13. 炮一平六,卒 5 平 4。

14. 帅六进一。

双方成和。

第 43 局　九伐中原

着法:红先(图 43)

(一)黑方陷阱

兵四平五,士 4 进 5;车四退五,卒 3 平 4;帅六退一,卒 4 进 1;帅六平五,卒 4 进 1,黑胜。

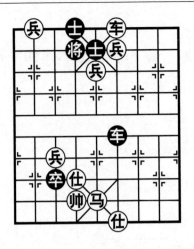

图 43

(二)正确着法

1. 兵四平五,士 4 进 5。

2. 兵五进一,将 4 进 1。

如将 4 平 5,车四退五,红胜。

3. 马五进六,车 6 退 5。

4. 帅六平五,车 6 进 3。

5. 马六进七,车 6 平 3。

6. 兵七进一,卒 3 平 4。

7. 兵八平七,卒 4 进 1。

8. 帅五进一,卒 4 平 3。

双方成和。

第 44 局　红娘脱衣

着法:红先(图 44)

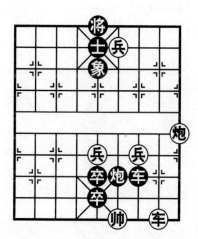

图 44

1. 炮一平三……

以下两种着法均为黑方陷阱。

甲.炮一进五,车 7 进 2;车二平三,炮 6 退 2;车三平二,后卒平 6,黑胜。

乙.炮一平五(与甲局同,看似红方首着走炮后已成绝杀。此即黑方陷阱),将 5 平 4;兵四平五,炮 6 退 7;兵五进一,将 4 进 1;车二进八,将 4 进 1,黑胜。

1. ……车 7 退 1。

2. 车二进九,士 5 退 6。

3. 炮三进五,车 7 退 6。

如误走士 6 进 5,则炮三退二;士 5 退 6,兵四进一;将 5 平 4,兵四平五;将 4 进 1,车二退一,红胜。

4. 车二平三,炮 6 退 2。

5. 兵四进一,将 5 平 4。

6. 兵四平五,将 4 进 1。

7. 车三退一,将 4 进 1。

8. 车三平四,后卒平 6。

9. 车四退四,卒 6 进 1。

10. 车四退三,卒 5 平 6。

11. 帅四进一。

双方成和。

第 45 局　小巡河炮

着法:红先(图 45)

(一)红方极易获胜的假象

炮三进四,车 6 平 7;炮二进四,以下无论黑走车 7 平 8 或车 7 进 5,红皆车一平六胜。

(二)正确着法

1. 炮三进四,车 6 平 7。

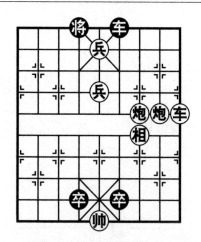

图 45

2. 炮二进四, 车 7 进 4。

3. 前兵进一, 将 4 平 5。

4. 车一平三, 卒 4 平 5。

5. 帅五平六, 卒 6 进 1。

6. 车三进四, 将 5 进 1。

7. 兵五进一, 将 5 平 6。

黑不能接受红方献兵, 否则车三平五抽卒, 红胜。

8. 兵五平四, 将 6 平 5。

9. 兵四进一, 将 5 平 6。

10. 车三退一, 将 6 退 1。

11. 车三平四, 将 6 进 1。

12. 炮二平五, 将 6 退 1。

13. 炮五退五, 将 6 平 5。

14. 炮五退一, 卒 6 平 5。

15. 炮五退三, 卒 5 进 1。

16. 帅六进一。

双方成和。

第 46 局　玉女穿梭

着法:红先(图 46)

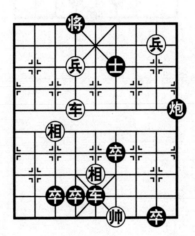

图 46

1. 兵六进一,将 4 平 5。

2. 车六平五……

如车六平一,卒 8 平 7;相五退三,车 5 进 1;帅四进一,卒 4 平 5,黑胜。

2. ……将 5 平 6。

3. 车五平一,车 5 平 7。

4. 车一进四,将 6 进 1。

5. 车一退一,卒 4 平 5。

66

如卒 8 平 7,相五退三;车 7 进 1,帅四进一;士 6 退 5,兵二平三;车 7 退 8,车一平三;将 6 退 1,车三进一;将 6 进 1,车三退七,以下红可胜。

6. 兵二平三,车 7 退 7。

7. 车一平三,将 6 退 1。

8. 兵六平五,士 6 退 5。

9. 车三进一,将 6 进 1。

10. 车三退六,卒 6 进 1。

11. 车三平四,士 5 进 6。

12. 车四退一,卒 3 平 4。

13. 车四进五,将 6 平 5。

14. 车四平六,将 5 退 1。

15. 车六退六,卒 5 平 4。

16. 帅四进一。

双方成和。

第 47 局　五丁凿路

着法:红先(图 47)

(一)黑方陷阱

炮二进七,将 4 退 1;车一平五,卒 8 平 7;帅四进一(帅四平五,炮

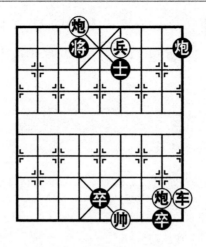

图 47

9进8,黑胜),炮9平6,黑胜。

(二)正确着法

1. 车一退一,卒8平9。

2. 炮六平二……

平炮守卒,谋和关键!如炮六平五,卒9平8;兵六平五,将4平5;炮五退八,卒8平7,这是黑方第二个陷阱,黑胜。

2. ……将4退1。

3. 炮二进三,炮9进6。

4. 后炮退二,炮9进1。

5. 后炮进二,炮9平6。

6. 兵四平三,士6退5。

7. 兵三平四,士5进6。

8. 兵四平三,炮6退3。

9. 后炮退一,炮6平2。

10. 兵三平四,炮2进4。

11. 前炮退一,卒9平8。

12. 炮二退八,炮2平8。

13. 炮二退二。

双方成和。

第48局　猿猴摘果

着法:红先和(图48)

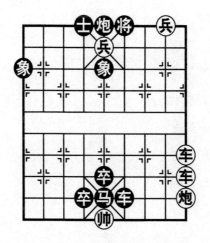

图48

(一)红方获胜的假象

后车平四,车6退1;车一平四,车6退1;炮一进八,象5退7;兵二平三,红胜。

（二）正确着法

1. 兵五进一……

红如后车平四,卒5平6;车一平四,马5退6;炮一进八,象5退7反照,黑胜定。

1. ……将6平5。

2. 兵二平三,象5退7。

3. 前车平三……

红如后车平五,将5平6;车一平四,车6退2;炮一平六,马5进7,黑呈胜势。再如后车平三,车6进1;帅五平四,马5退7,红双车尽失,黑胜。

3. ……卒4进1。

4. 帅五平六,马5退3。

5. 帅六平五,卒5进1。

6. 炮一平五,车6平5。

7. 帅五平四,车五进一。

8. 帅四进一,马3退5。

9. 车三平五,车5退3。

10. 车一平四。

双方成和。

第49局　双马回营

着法:红先(图49)

70

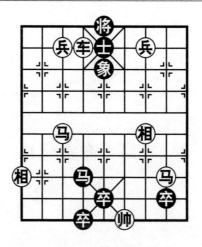

图 49

（一）黑方陷阱

马七退六,卒 8 平 7;相三退一,卒 7 平 6;马二退四,将 5 平 6;车六平五,卒 4 平 5;马六退五,卒 5 平 6,黑胜。

（二）正确着法

1. 车六平五,将 5 进 1。

2. 兵三平四,将 5 退 1。

3. 兵四进一……

红进兵叫将,谋和要着。如改走马七退六,卒 8 平 7;相三退一,象 5 进 3;相九进七,卒 4 平 5;马六退五,卒 5 进 1,黑胜。

3. ……将 5 平 4。

4. 马七退六,卒 8 平 7。

5. 相三退一,象 5 进 3。

6. 相九进七,象 3 退 1。

7. 相七退九。

双方成和。

第 50 局　海底藏月

着法:红先(图 50)

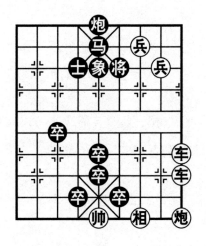

图 50

(一)红方极易获胜的假象

后车平四,前卒平 6;车一平四,卒 5 平 6;炮一进七,马 5 进 7 反照,黑胜。

（二）正确着法

1. 后车平五……

如前车平四,后卒平 6;车一平五,象 5 进 7;兵二平三,马 5 进 7;车五进七,前卒平 5;帅五平四,卒 6 进 1;车五平四,将 6 平 5;车四退七,卒 5 进 1;帅四进一,卒 4 平 5,黑胜。

1. ……象 5 进 7。

2. 车一平五……

如车五进一,卒 6 平 5;车五退二,卒 4 平 5;帅五平六,炮 5 平 4;车一平六,炮 4 进 6,黑胜。

2. ……卒 6 平 5。

3. 后车退一,卒 4 平 5。

4. 车五退二,炮 5 进 8。

5. 帅五进一,卒 3 平 4。

6. 炮一进八,卒 4 平 5。

7. 炮一平五,士 4 退 5。

双方成和。

第 51 局　江雁秋飞

着法:红先(图 51)

1. 车五进一,卒 5 进 1。

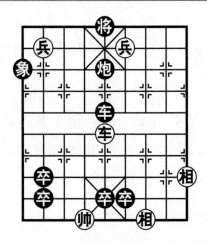

图 51

2. 车五退五,炮 5 进 6。

3. 相一进三……

红意图活车,为谋和要着。如误走兵八平七,则后卒平 3;兵七平六(如相一进三,卒 3 平 4;相三进一,将 5 平 4,以下黑连杀胜),卒 3 平 4;兵四平五,将 5 平 6;兵六进一,卒 2 平 3;兵六平五,炮 5 退 8;兵五进一,将 6 进 1;车五进四,卒 3 平 4,黑胜。

3. ……后卒平 3。

4. 相三进一,卒 3 平 4。

5. 车五平二,将 5 平 4。

6. 车二进九,炮 5 退 8。

7. 帅六平五,卒 4 平 5。

8. 车二平五,将 4 平 5。

9. 相三退五,卒 2 平 3。

10. 兵八平七,卒 3 平 4。

11. 兵七平六,象 1 进 3。

12. 相一进三。

至此,双方只能各自飞相(象)成和。如一方欲求胜先动兵(卒),则会被对方乘机击败。

第52局　隔断巫山

着法:红先(图 52)

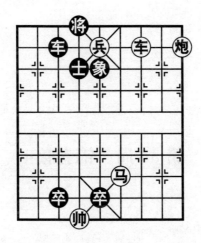

图 52

(一)红方极易获胜的假象

兵五进一,将4平5;车三平七,卒3平4;马四退六,红胜。

(二)正确着法

1. 兵五平六……

如兵五进一,将 4 平 5;车三平七,象 5 进 3;车七退三,卒 3 平 4;马四退六,卒 5 进 1,黑胜。

1. ……车 3 平 4。

如将 4 平 5,兵六进一;将 5 平 4,车三平七;象 5 进 3,车七退三;卒 3 平 4,马四退六;将 4 平 5,车七平五,红胜。

2. 车三平六,将 4 进 1。

3. 炮一退八,象 5 进 7。

4. 炮一平二,将 4 平 5。

5. 炮二平五,卒 5 进 1。

6. 马四退五,卒 3 平 2。

双方成和。

第 53 局　锦囊救主

着法:红先(图 53)

1. 车五进一,后卒平 5。

2. 马四退五……

如车二平五,将 5 平 6;车五平四,马 5 进 6;帅五平六,车 5 进 8,黑胜定。这是该局黑方主要的陷阱。

再如马四进五,卒 5 进 1;帅五平六,卒 5 进 1;帅六进一,卒 6 平 5;帅六进一,卒 2 平 3,黑胜。这是该局黑方第二个陷阱。

2. ……卒 5 进 1。

3. 帅五平六,卒 5 进 1。

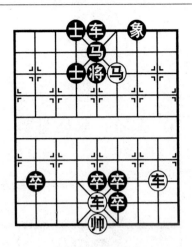

图 53

4. 帅六进一,卒 6 平 5。

5. 帅六平五,车 5 平 6。

6. 车二平八……

如车二进五,马 5 进 7;车二平三,将 5 退 1;车三退五,车 6 进 3;车三平八,车 6 平 5;车八进三,卒 5 平 6;车八平六,将 5 退 1;帅五平六,士 4 退 5,也是和棋。

6. ……车 6 进 4。

7. 车八平五,卒 5 平 4。

8. 马五进六,将 5 平 6。

9. 车五平二,马 5 进 6。

黑及时兑马谋和。如误走马 5 进 7,车二进六;象 7 进 5,马六进五;士 4 进 5,车二平五;车 6 平 5,帅五平六;车 5 平 4,帅六平五;车 4 退 4,车五退一;将 6 退 1,车五平四,红胜。

10. 马六退四,车 6 退 1。

11. 车二进五,将 6 退 1。

12. 车二平五。

双方成和。

第 54 局　双马盘将

着法:红先(图 54)

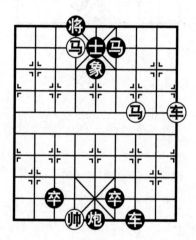

图 54

1. 车一进四,马 6 退 8。

2. 车一平二,象 5 退 7。

3. 车二平三,士 5 退 6。

4. 马三进五……

如车三平四叫杀,则炮 5 退 9 反照,黑胜。这是黑方精心设计的陷阱。

4. ……卒 3 进 1。

此时红方反设陷阱,黑如未及时察觉,误走车 7 退 9,则马五进

78

七,再马六退四,红胜。

5. 帅六进一,卒 6 平 5。

6. 帅六进一……

如帅六平五,车 7 退 9 去车后红无杀,黑方可胜。

6. ……车 7 平 6。

7. 车三平四,车 6 退 9。

8. 马五进七,将 4 平 5。

9. 马六进四,将 5 平 6。

双方成和。

第 55 局　　将军卸甲

着法:红先(图 55)

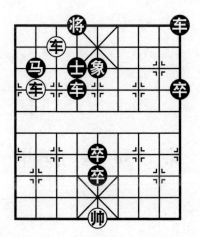

图 55

1. 车八进一,前卒进 1。

2. 帅五进一,卒 5 进 1。

3. 帅五退一,卒 5 进 1。

4. 帅五进一,车 9 平 5。

双方煞费苦心,巧设陷阱,解杀还杀,妙不可言。

5. 车七退二……

如误走车八进二,黑象 5 退 3 反照,黑胜。红识破黑方阴谋,献车解围亦伏杀,以牙还牙。

5. ……车 4 进 1。

6. 车七平五,车 5 进 1。

如车 5 平 7,凭借多子优势纠缠,则车五进一;车 7 进 8,帅五进一;士 4 退 5,车八进二连杀,红胜。

7. 车八进二,象 5 退 3。

8. 车八平七,将 4 进 1。

9. 车七退一,将 4 退 1。

10. 车七平五,士 4 退 5。

11. 车五平一。

双方成和。

第 56 局　霸王卸甲

着法:红先(图 56)

1. 炮三平四,车 6 平 9。

2. 马二退四,车 9 平 6。

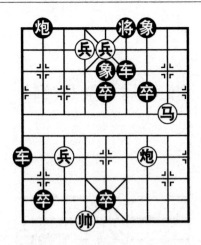

图 56

3. 马四进五, 车 6 平 9。

4. 马五退四, 车 9 平 6。

5. 马四进三, 车 6 平 7。

6. 炮四平九, 炮 2 平 1。

7. 炮九进五, 车 7 退 1。

8. 兵五平四, 车 7 平 6。

9. 马三进五, 车 6 卒 5。

10. 炮九平五⋯⋯

如误走兵六平五, 则卒 2 平 3, 黑胜。

10. ⋯⋯象 7 进 5。

11. 炮五退七, 炮 1 进 9。

12. 兵七进一, 卒 2 平 3。

13. 炮五进五, 炮 1 平 3。

14. 炮五平七, 炮 3 退 4。

15. 炮七退五。

双方成和。

第 57 局　　金井辘轳

着法:红先(图 57)

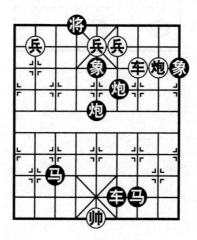

图 57

(一)黑方陷阱

车三进二,象 9 退 7;炮二进二,象 7 进 9;兵四进一,象 5 退 7;兵四平三,炮 6 退 3;兵三平四,象 9 退 7;兵四平三,车 6 退 8,黑胜。

(二)正确着法

1. 兵五平六,将 4 进 1。

2. 兵八平七,将 4 进 1。

如将 4 退 1,车三进二;象 9 退 7,炮二进二;象 7 进 9,兵四进一;象 9 退 7,兵四平三;炮 6 退 3,兵三平四;象 5 退 7,兵四平五,红胜。

3. 车三退六,象 5 进 3。

如炮 6 退 1,车三平四,马 3 退 5 抽车,也可成和。

4. 车三进六,象 3 退 5。

5. 车三退二,象 5 进 3。

6. 车三平五,车 6 平 5。

7. 车五退四,马 3 进 5。

8. 帅五进一。

双方成和。

第58局　五兵御敌

着法:红先(图 58)

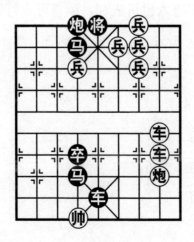

图 58

(一)黑方陷阱

后车平五,卒 4 平 5;车二平五,前马退 5;炮二进七,马 4 退 6;兵六平五,卒 5 平 4;兵五平六,卒 4 进 3;兵六平五,马 5 进 4;兵五平六,马 4 进 2,黑胜。

(二)正确着法

1. 后车平五,卒 4 平 5。

2. 兵四平五,将 5 进 1。

3. 兵六进一,将 5 平 4。

4. 车二平五,车 5 进 1。

5. 帅六进一,卒 5 进 1。

6. 后兵平四*,卒 5 进 1。

此时如改走炮二进六也可成和,读者可自行演练。

7. 车五退三,车 5 退 1。

8. 帅六平五,马 4 退 6。

9. 炮二平四,炮 4 平 1。

10. 后兵平四,炮 1 进 1。

11. 后兵平五,炮 1 平 6。

12. 兵五进一,将 4 进 1。

13. 兵五平四。

双方成和。

第59局　力挽狂澜

着法:红先(图59)

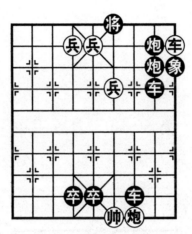

图59

1. 车一进一,后炮退1。

2. 车一平二,象9退7。

3. 车二平三,车7退8。

4. 兵五平四,将6平5。

如将6进1,兵四进一,红可连杀。

5. 后兵平三……

红兵阻双车,力挽狂澜。黑如以任何一车去兵,红则兵四平五胜。

5. ……卒5平6。

6. 帅四进一,车8进5。

7. 帅四退一……

85

如误走帅四进一,则车8退1;帅四退一,卒4平5;帅四退一,车8平6,黑胜。

7. ……车8平5。

8. 兵四平五,车5退7。

9. 兵六平五,将5进1。

10. 炮三进九。

双方成和。

第 60 局　力敌三军

着法:红先(图60)

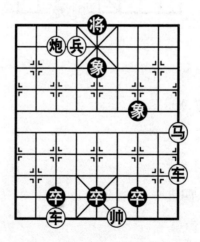

图 60

(一)黑方陷阱

马一退二,象5退7;车七平九,卒5平6;马二退四,卒7进1,

黑胜。

(二)正确着法

1. 马一退二,象 5 退 7。

2. 兵六进一……

如车一退二,卒 3 进 1;炮七退七,卒 5 进 1,黑胜。

2. ……将 5 进 1。

3. 车一进六,将 5 进 1。

4. 车一平四,卒 3 进 1。

5. 炮七平五,卒 5 平 6。

6. 车四退七,卒 7 平 6。

7. 帅四进一,将 5 退 1。

双方成和。

第61局　三打金钟

着法:红先(图 61)

1. 车六进一,将 6 退 1。

2. 车六进一,将 6 进 1。

3. 车六平四,将 6 退 1。

4. 马七进六,将 6 进 1。

5. 马六退四,将 6 进 1。

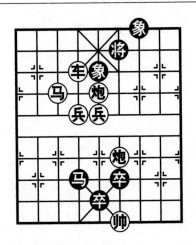

图 61

6. 炮五平四,马 4 退 6。

7. 炮四退四,马 6 退 8。

黑方凭借花心卒之势,求战心切。如改走马 6 退 5,则速和。

8. 兵五平四,马 8 进 6。

9. 兵四进一,将 6 退 1。

10. 兵六进一,将 6 平 5。

11. 兵六进一,象 5 退 3。

12. 炮四平五,象 7 进 9。

13. 兵四进一,象 9 进 7。

14. 炮五进一,象 3 进 1。

15. 炮五退一。

双方成和。

第 62 局　李代桃僵

着法:红先(图 62)

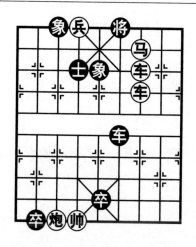

图 62

该局红方虽多子,但仍为弱势。在黑方强大的攻势下,要想守和也决非易事。

1. 马三退五,象 3 进 5。

2. 炮七进九,象 5 退 3。

红连弃二子,疏通进攻路线。如惜子,则无法守和。

3. 兵六平五……

如前车进二,将 6 进 1;后车进二,将 6 进 1;前车平四,将 6 平 5;车四平五,将 5 平 6;车五退八,卒 2 平 3;帅六进一(帅六平五,车 6 进 4 杀),车 6 平 4,黑胜。

3. ……将 6 平 5。

4. 后车平五,将 5 平 6。

5. 车三平四……

红献车,使黑车道路不畅,为谋和要着。

5. ……车 6 退 3。

6. 车五退五,车 6 进 7。

7. 帅六进一,卒 2 平 3。

8. 车五进三。

红车居中,双方成和。

第 63 局　车马盈门

着法:红先(图 63)

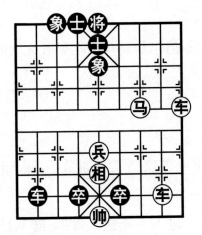

图 63

1. 车一进四,象 5 退 7。

2. 车一平三,士 5 退 6。

3. 车三平四……

如马三进四,则红无连杀,黑胜。

3. ……将 5 平 6。

4. 车二平四,将 6 平 5。

5. 马三进四……

如车四平六,车 2 平 4;马三进四,将 5 进 1;马四退五,车 4 退 4;马五退三,也是正和局面。

5. ……将 5 进 1。

如将 5 平 6,马四退二;将 6 平 5,车四平六,同上一着注解一样,可以成为正和局面。

6. 马四退六,将 5 退 1。

7. 车四平六,车 2 平 4。

8. 马六退七,车 4 平 6。

9. 相五进三,车 6 退 3。

10. 相三退五,车 6 进 2。

11. 帅五进一,车 6 平 7。

12. 马七进五,车 7 退 1。

13. 马五退七。

双方成和。

第 64 局　两路进兵

着法:红先(图 64)

1. 车五进七,将 4 进 1。

2. 后兵平七,前卒进 1。

3. 帅五平六,士 4 退 5。

4. 兵七平六……

上一着黑退士,解杀还杀妙极、恶极,给红方设下陷阱。此着红如

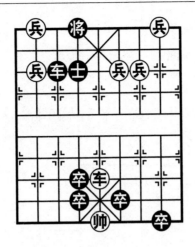

图 64

不弃兵而改走兵七进一,则坠入黑方陷阱。以下将 4 进 1,帅六平五;
卒 4 平 5,车五退一;卒 6 平 5,帅五平四;卒 8 平 7,黑胜。

　　4. ……将 4 进 1。

　　5. 兵四平五,将 4 平 5。

　　6. 车五平七,卒 6 平 5。

　　7. 车七退二,士 5 进 4。

　　8. 兵三平四,将 5 退 1。

　　9. 车七进一,将 5 退 1。

　　10. 车七进一,将 5 进 1。

　　11. 兵四进一,将 5 平 6。

　　12. 车七退八,卒 4 进 1。

　　13. 车七平六,卒 5 平 4。

　　14. 帅六进一。

　　双方成和。

第 65 局　三仙炼丹

着法:红先(图 65)

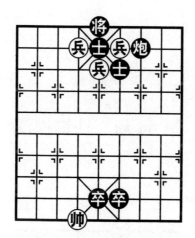

图 65

1. 兵四平五……

如兵六平五,炮 7 平 5,黑胜定。再如兵五进一,士 6 退 5;兵四平五,将 5 平 6;兵六进一,炮 7 退 1,黑胜。

1. ……将 5 平 6。

如士 6 退 5,兵六平五;将 5 平 6,后兵平四,红胜。

2. 后兵平四,炮 7 平 4。

3. 兵五平四,将 6 平 5。

4. 后兵平五,将 5 平 4。

如卒 6 进 1,兵五进一;将 5 平 4,兵五平六;将 4 平 5,兵六进一,红胜。

5. 兵五进一,炮 4 进 7。

唯一解着。很多江湖棋局都用此招解杀。

6. 兵四进一,卒 5 进 1。

7. 帅六平五,炮 4 平 5。

8. 兵四平五,炮 5 退 8。

9. 兵五进一,将 4 进 1。

双方成和。

第 66 局　铁锁横江

着法:红先(图 66)

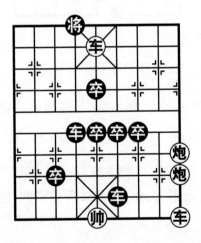

图 66

1. 后炮平六……

如误走前炮平六,则坠入黑方精心设计的陷阱。以下车 4 进 1,
炮一平六;车 4 平 5,帅五平六;车 6 平 4,帅六进一;卒 3 平 4,帅六退一;卒 4 进 1,黑巧胜。

1. ……车 4 进 2。

2. 炮一平六,车 4 平 5。

3. 帅五平六,车 6 进 1。

黑献车吸引,将红车引至暂时失去攻击能力的不利位置。

4. 车一平四,车 5 平 4。

5. 帅六平五,车 4 退 1。

6. 车四进二……

黑车有抽将之势,红四路车唯此一着。

6. ……车 4 进 1。

7. 车四平六,卒 3 平 4。

8. 车五退二,卒 4 平 5。

9. 车五平六,将 4 平 5。

10. 车四退三。

双方成和。

第 67 局　十二栏杆

着法:红先(图 67)

1. 车二进三,象 9 退 7。

如误走将 6 进 1,则车二退一;将 6 进 1,马一退三,以下双车挫,红胜。

2. 马一退三,将 6 进 1。

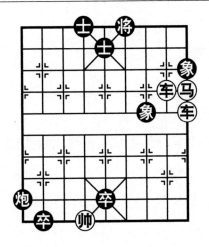

图 67

3. 马三退五, 象 7 退 5。

4. 车一平四, 士 5 进 6。

5. 车二退一, 将 6 退 1。

6. 车四进二, 将 6 平 5。

7. 车四平五, 象 7 进 5。

8. 车二进一, 象 5 退 7。

如改走将 5 进 1, 则红马五进三连杀。

9. 车二平三, 将 5 进 1。

10. 马五进七, 将 5 平 6。

11. 马七进六, 将 6 平 5。

12. 马六退七, 将 5 平 6。

13. 马七退五, 将 6 平 5。

14. 马五进三, 将 5 进 1。

15. 车三平五, 将 5 平 6。

16. 车五退八, 卒 2 平 3。

17. 帅六进一,炮 1 平 5。

18. 帅六平五。

双方成和。

第 68 局　二龙戏珠

着法:红先(图 68)

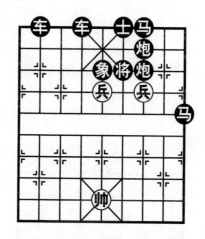

图 68

该局黑方双车、双马、双炮俱在,而红方仅有两只小兵。乍看枰面,红方要想守和,难度较大;但恰恰红方可以利用兵少将寡的假象,暗设陷阱。

1. 兵三进一,将 6 退 1。

2. 兵五进一,士 6 进 5。

3. 兵三进一,将 6 退 1。

4. 兵五进一……

这一段红双兵循序渐进,已到达设伏位置。

4. ……车 4 进 8。

黑弃车引离,逼红帅偏离中路。如误走马 9 退 8,则跌进红方陷阱,以下兵五平四,马 8 退 6,兵三进一,红胜。

5. 帅五平六,马 9 退 8。

6. 帅六平五,马 7 进 9。

7. 帅五退一,车 2 平 3。

双方成和。

第 69 局　锦屏对峙

着法:红先(图 69)

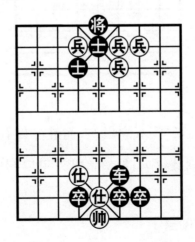

图 69

1. 仕五进四……

红方首着去车必然,消灭黑方强子,达到攻守平衡。

1. ……卒 7 进 1。

2. 兵四平五,士 4 退 5。

3. 兵六平五,将 5 平 4。

4. 仕四退五……

如误走仕六退五,则卒 7 平 6;仕五退四,卒 4 进 1,黑胜。

4. ……卒 4 进 1。

5. 帅五平六,卒 6 平 5。

6. 兵三平四,卒 7 平 6。

7. 兵五进一……

面对黑方的杀棋,红只能弃兵引将,消灭黑花心卒。如前兵进一,卒 6 平 5,黑胜。

7. ……将 4 进 1。

8. 前兵平五,将 4 进 1。

9. 兵四平五,将 4 平 5。

10. 仕六退五,将 5 退 1。

双方成和。

第 70 局　申胥复楚

着法:红先(图 70)

1. 兵三平四,将 6 退 1。

2. 前兵进一……

如误走车一进二,则跌入黑方陷阱。以下象 5 退 7,车一平三;炮

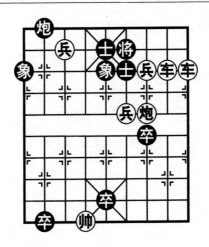

图 70

1平7,兵四进一;将6进1,车二平七;象1进3,车七退二;炮7平1,
黑胜。

2. ……将6进1。

3. 车二平四,士5进6。

4. 车一平四,将6进1。

5. 兵四进一,将6退1。

6. 炮三平四,将6平5。

7. 兵七平六,将5退1。

8. 炮四退五,卒7平6。

9. 兵四进一,卒2平3。

10. 炮四平七,炮2平4。

11. 兵六进一,将5进1。

12. 炮七进六,象5进7。

13. 炮七平五。

双方成和。

第71局 秦琼卖马

着法:红先(图71)

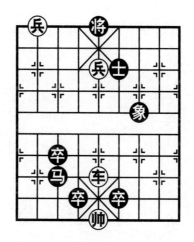

图71

(一)黑方陷阱

兵五平四,马3退5(红方认为黑方只能走将5平4或将5平6,这样红方均可成杀);车五进一,将5平4;车五平七,卒4进1,黑胜。

(二)正确着法

1. 兵五平四,马3退5。

2. 兵四进一,象7退5。

如改走卒3平4,兵八平七(如误走车五平二,黑则卒6平5;帅五平四,马 5 进 7;车二平三,卒 5 进 1;帅四进一,前卒平 5;帅四进一,卒 4 平 5,黑胜);象 7 退 9,车五平二;象 9 退 7,车二平五;象 7 进 9,双方不变也可成和。

3. 兵八平七,卒 4 平 5。

4. 帅五平六,马 5 进 3。

如误走卒 3 平 4,红则车五进一去黑马,红胜。

5. 车五平七,卒 5 进 1。

6. 帅六进一,卒 6 平 5。

7. 帅六平五,卒 3 进 1。

双方成和。

第 72 局　桃红柳绿

着法:红先(图 72)

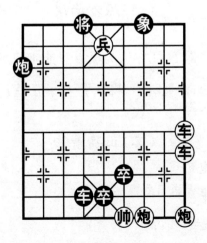

图 72

（一）红方极易获胜的假象

后车平六,车 4 退 2;车一平六,车 4 退 1;炮一进九连杀,红胜。

（二）正确着法

1. 后车平六,炮 1 平 4。

2. 车六平四……

如误走车一平四(看似攻守兼备),则卒 5 平 6;帅四平五,车 4 平 5,黑胜。

再如兵五进一,将 4 平 5;车五平四,卒 5 平 6;帅四平五,后卒平 5;车四平五,卒 5 进 1,黑胜。

2. ……卒 6 进 1。

3. 车四退二,卒 5 平 6。

4. 帅四平五,炮 4 平 8。

5. 炮三进一,车 4 退 4。

6. 车一平五,象 7 进 5。

7. 炮三进八……

红如炮一平三,黑则象 5 进 7,以下黑可架中炮取胜。

7. ……象 5 退 7。

8. 兵五平四,炮 8 退 2。

9. 炮一平二,车 4 进 4。

10. 车五进二,车 4 平 5。

11. 车五退五,卒 6 平 5。

12. 帅五进一。

双方成和。

第 73 局　子围聘郑

着法:红先(图 73)

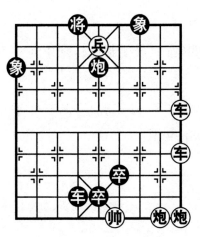

图 73

1. 后车平六,炮 5 平 4。

2. 车六平四,卒 6 进 1。

3. 车四退二,卒 5 平 6。

4. 帅四平五,炮 4 平 8。

黑如改走车 4 平 5 抽取红方花心兵,也可成和,但局面较复杂,红方较好走。

5. 车一平五,象 1 进 3。

如炮 8 平 5,车五平六照将再重炮胜。

6. 炮一进九,象 7 进 9。

7. 炮一平五,炮 8 平 5。

8. 炮五退二,象 3 退 5。

9. 车五进二,车 4 平 5。

10. 车五退六,卒 6 平 5。

11. 帅五进一。

双方成和。

第74局　送往迎来

着法:红先(图 74)

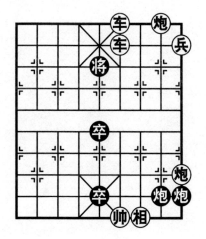

图 74

1. 后车退一……

如误走前车平五,将 5 平 4;车五平六,将 4 平 5;炮一平五,后卒平 6;炮二平一,炮 8 进 1;象 3 进 1,炮 9 进 1,黑胜。

这是黑方布下的陷阱。

1. ……将 5 退 1。

2. 前车退一,将 5 退 1。

3. 后车平五,将 5 平 4。

4. 车五平六,将 4 平 5。

5. 炮一平五,卒 5 平 6。

6. 车六进二……

红弃车为解杀创造条件。如误走车六平二,则炮 9 进 1,黑胜。再如车六平一,炮 8 进 1;相三进一,炮 9 进 1,黑胜。

6. ……将 5 平 4。

7. 炮五进七,将 4 平 5。

8. 相三进五,炮 8 进 1。

9. 炮二平一,炮 9 平 7。

10. 车四平二,卒 6 进 1。

11. 车二退八,卒 6 进 1。

12. 车二进九,将 5 进 1。

13. 车二平四,卒 6 进 1。

14. 车四退八,卒 5 平 6。

15. 帅四进一。

双方成和。

第 75 局　同床异梦

着法:红先(图 75)

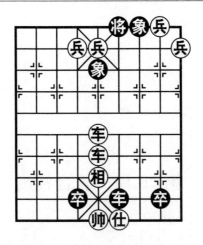

图 75

有很多江湖棋局的图势与该局相似,但大多为和局,而本局红方可胜。

1. 后车平四,车 6 退 2。

2. 仕四进五,卒 8 平 7。

3. 车五平六……

如误走兵六进一,则卒 4 平 5;帅五进一,卒 7 平 6;帅五退一,卒 6 进 1;帅五进一,车 6 进 2,黑胜。

3. ……卒 7 平 6。

4. 车六退三,卒 6 平 5。

5. 帅五进一,车 6 进 2。

6. 帅五退一,车 6 平 4。

7. 兵一平二,车 4 退 7。

8. 前兵平三……

如急走兵五平六,则将 6 进 1,黑幸和。

8. ……象 5 退 7。

9. 兵五平六,将 6 进 1。

10. 兵二平三,将 6 进 1。

11. 兵三进一。

以下红方低兵可困将,红胜。

第 76 局　貌合神离

着法:红先(图 76)

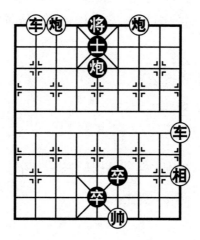

图 76

1. 炮七退八,士 5 退 4。

2. 车八平六……

如车一平四,炮 5 平 6;车四进三,卒 5 进 1,黑胜。

2. ……将 5 平 4。

3. 车一进三……

如误走车一平四,则卒 5 平 6;帅四平五,后卒平 5;车四平五,卒 5

进 1,黑胜。

3. ……炮 5 退 1。

4. 车一进一,炮 5 平 7。

如将 4 平 5,则车一平四;卒 5 平 6,帅四平五;后卒平 5,炮七平五(帅五平六,卒 6 平 5;车四退七,前卒平 6,帅六进一和);将 5 平 4,车四退七;卒 5 平 6,炮五平六;卒 6 进 1,炮三退七。红方可胜。

5. 相一进三,将 4 平 5。

6. 相三退五,炮 7 平 5。

7. 车一平五,将 5 进 1。

8. 炮三平八,卒 5 平 6。

9. 帅四平五,后卒平 5。

10. 炮八退八,卒 6 平 5。

11. 炮八平五,卒 5 进 1。

12. 帅五平四。

双方成和。

第 77 局　三打祝庄

着法:红先(图 77)

(一)黑方陷阱

炮四平七,象 5 退 7;车三平五(车三平六,卒 5 进 1 连杀),卒 4 平

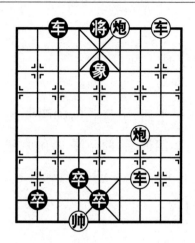

图 77

5；车二退七，后卒平 4；车二平六，卒 5 进 1；帅六进一，卒 2 平 3，黑胜。

(二)正确着法

1. 炮四退八，象 5 退 7。

2. 车二平三，将 5 进 1。

3. 后车平五，卒 4 平 5。

4. 车三平七，后卒平 4。

5. 炮三平五，卒 5 平 6。

6. 帅六平五……

如改走车七平六，卒 6 平 5；车六退七，卒 2 平 3，黑胜。

6. ……卒 4 进 1。

7. 车七退四，卒 2 平 3。

如卒 4 平 5，帅五平六；卒 6 进 1，炮五进三；将 5 退 1，炮五进一；将 5 平 6，炮五进一，黑中卒必丢，红胜。

8. 车七平五,将 5 平 4。

9. 炮五平六,卒 4 平 5。

10. 车五退四,卒 6 平 5。

11. 帅五进一。

双方成和。

第78局　似曾相识

着法:红先(图 78)

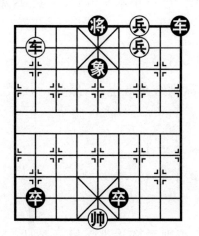

图 78

1. 前兵平四,将 5 平 4。

2. 兵四平五,车 9 平 5。

3. 兵三平四……

如误走车八进一企图抽车,则象 5 退 3 反照,黑胜。这是黑方精心设计的陷阱。

3. ……卒 2 平 3。

4. 兵四进一……

这是机警而有力的一招,如误走兵四平五,则车 5 进 1;车八平五,卒 3 平 4,黑胜。

4. ……卒 3 平 4。

5. 兵四平五,将 4 平 5。

6. 车八退七,卒 6 平 5。

7. 帅五平四,象 5 退 7。

8. 车八进四……

如车八进八,将 5 进 1;车八平三,卒 4 进 1,黑胜。

8. ……将 5 进 1。

9. 车八平五,将 5 平 4。

如误走象 7 进 5,则红车五退一,黑欠行,红胜。

10. 车五平三,象 7 进 9。

11. 车三进三,将 4 进 1。

12. 车三退一,将 4 退 1。

13. 车三退三。

红车不能吃象,否则黑卒 4 进 1 胜。至此,双方成和。

第 79 局　大战长沙

着法:红先(图 79)

1. 炮一平四,车 6 平 9。

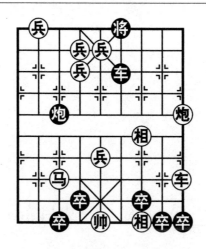

图 79

2. 炮四退五, 车 9 进 5。

此时红如改走炮四平六, 则车 9 进 5; 兵六进一, 卒 3 平 4; 炮六退五, 炮 3 平 5; 相三进五, 车 9 退 6; 兵六进一, 卒 7 平 6; 兵八平七, 卒 8 平 7; 前兵平五, 炮 5 退 4; 兵七平六, 卒 7 平 6; 炮六平四, 卒 6 进 1, 黑胜。

3. 相三进一, 卒 8 平 7。

4. 相一退三, 卒 7 进 1。

5. 炮四平七, 炮 3 进 5。

6. 前兵五进一, 将 6 进 1。

7. 前兵六平五, 将 6 进 1。

8. 兵六平五, 将 6 平 5。

9. 相三退一, 卒 9 平 8。

10. 相一退三, 卒 8 平 7。

11. 马七退五……

如马七进六, 将 5 退 1, 黑方可胜。

11. ······卒 7 平 6。

12. 帅五平四,卒 4 平 5。

13. 中兵平六,炮 3 平 5。

14. 兵六进一,炮 5 退 3。

三低兵巧和炮卒。

第 80 局　　三战吕布

着法:红先(图 80)

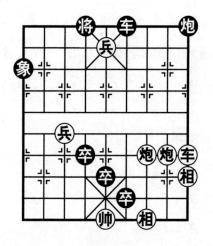

图 80

1. 炮二进六······

红首着如误走炮三进六,则车 6 平 7;炮二进六,车 7 进 9;相一退三,卒 5 进 1;帅五平六,卒 5 平 4;帅六平五,后卒平 5,黑胜。这是黑方主要的陷阱。

1. ······车 6 平 8。

2. 帅五平六,炮 9 进 7。

3. 炮三退二,炮 9 进 2。

4. 车一退三,卒 6 平 5。

5. 相三进五,卒 4 进 1。

6. 相五进三,车 8 平 6。

7. 车一平二……

如误走炮三平二,象 1 退 3;兵七进一,象 3 进 5;兵七平六,象 5 退 7;兵六进一,车 6 进 8,黑胜。

7. ……车 6 平 9。

8. 炮三平一,车 9 平 6。

9. 炮一平三,象 1 退 3。

此时黑如仍走车 6 平 9,即成和局。现变招,欲乱中取胜。

10. 兵七进一,象 3 进 5。

11. 兵七平六……

如误走兵七进一,则象 5 退 7;炮三平一,卒 4 进 1;炮一平六,车 6 进 5;兵七进一,卒 5 平 4;帅六平五,车 6 平 5;帅五平四,卒 4 平 5,黑胜。

11. ……象 5 退 7。

12. 炮三平一,车 6 进 8。

13. 炮一进八,车 6 退 8。

14. 炮一退八,车 6 进 8。

双方成和。

第 81 局　火烧连营

着法:红先(图 81)

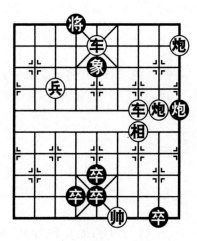

图 81

(一)黑方陷阱

车三进四,象 5 退 7;炮二进四,象 7 进 9;炮一进一,炮 9 退 4;相三退五,卒 4 进 1,黑胜。

(二)正确着法

1. 车三平六,炮 9 平 4。

2. 相三退五,卒 8 平 7。

如误走卒 4 进 1 催杀,则车五进一;将 4 平 5,炮二平五抽取黑方花心卒,红胜。

3. 相五退三,卒 4 进 1。

4. 车五进一,将 4 平 5。

5. 炮二平五,将 5 平 4。

6. 炮一退五,炮 4 进 2。

7. 兵七平六……

红如误走炮一平五企图打卒,则卒 4 平 5;后炮退三,炮 4 进 3,黑胜。再如兵七进一,炮 4 平 2,红难以应对。

7. ……卒 4 平 5。

8. 炮五退五,卒 5 进 1。

9. 帅四平五,炮 4 平 5。

双方成和。

第 82 局　隔火照珠

着法:红先(图 82)

(一)黑方陷阱

车三进二,象 5 退 7;炮一进六,象 7 进 9;炮二进五,炮 9 退 8,黑胜。

(二)正确着法

1. 车五进一,将 4 平 5。

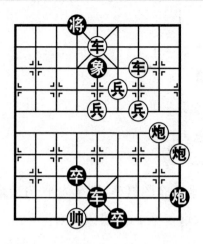

图 82

2. 车三平五,将 5 平 4。

3. 车五平六,将 4 平 5。

4. 炮二平五,车 5 退 3。

5. 车六退五,车 5 进 3。

6. 炮一平五,车 5 退 2。

如将 5 平 6,车六进七;将 6 进 1,兵四进一;将 6 进 1,车六平四,红胜。

7. 帅六进一,车 5 退 2。

8. 车六进七,将 5 进 1。

9. 车六退一,将 5 退 1。

10. 车六退二……

如误走兵四进一,车 5 进 4;帅六进一,车 5 进 1;帅六退一,炮 9 进 1,黑胜。

10. ……炮 9 退 5。

11. 兵三进一,车 5 退 2。

12. 车六平五。

双方成和。

第83局　五雀六燕

着法:红先(图83)

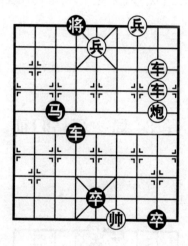

图83

(一)红方极易获胜的假象

后车平六,车4退1;车二平六,车4退1;炮二进五,红胜。

(二)正确着法

1. 后车平六,马3退4。

2. 兵五进一……

黑方杀机四伏,红只有弃兵才能解杀。

2. ⸱⸱⸱⸱⸱⸱将 4 平 5。

3. 车二平五,将 5 平 4。

4. 车五退五,车 4 退 1。

5. 车五进七,车 4 平 6。

6. 帅四平五,车 6 平 5。

目前枰面上,红方占优势,黑兑子求和势在必行。

7. 车五退三,马 4 进 5。

双方成和。

第 84 局　策马归征

着法:红先(图 84)

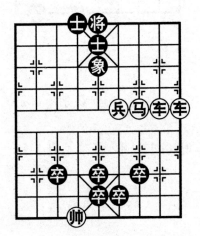

图 84

1. 车一进四,象 5 退 7。

120

如误走士 5 退 6,则马三进四连杀,这是该局红方极易获胜的假象。

2. 车一平三,士 5 退 6。

3. 车三平四……

此时黑方有前卒进 1 或前卒平 4 均可连杀的陷阱,红弃车引将,唯此一着才能解杀。如误走马三进四,将 5 进 1,以下红无论改走车三退一或马四退六,均无杀着,黑胜。

3. ……将 5 平 6。

4. 车二进四,将 6 进 1。

5. 车二平五,前卒平 4。

黑刻不容缓,如卒 3 进 1,红则马三进二连杀。

6. 帅六进一,卒 3 进 1。

7. 帅六退一,卒 3 进 1。

8. 帅六平五,卒 5 进 1。

9. 车五退八,卒 3 平 4。

10. 帅五平六,卒 6 平 5。

11. 马三退四,卒 7 平 6。

12. 兵四平五。

双方成和。

第 85 局　红旗挂角

着法:红先(图 85)

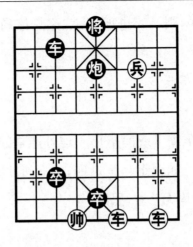

图 85

1. 车二进九，将 5 进 1。

2. 车二退一，将 5 退 1。

3. 车二平七，卒 3 平 4。

红车捉卒，黑方平卒叫杀，顺其自然。然而这看似平淡的一着，却悄悄布下了陷阱。

4. 车七进一……

如改走车七平六(看似万无一失)，卒 5 平 4；帅六平五，后卒平 5，黑胜。再如车七退七，炮 5 平 4，黑方胜。另外，要掌握好行棋的先后顺序，如先走车四进九，将 5 平 6；车七进一，炮 5 退 2；车七平六，卒 5 平 4；帅六平五，后卒平 5，黑胜。

4. ……将 5 进 1。

5. 车四进八，将 5 平 6。

6. 兵三平四，将 6 平 5。

7. 兵四平五，将 5 平 4。

如误走将 5 进 1，车七平五抽卒，红胜。

8. 车七退八,卒 4 进 1。

9. 车七平六,卒 5 平 4。

10. 帅六平五。

双方成和。

第 86 局　约纵连横

着法:红先(图 86)

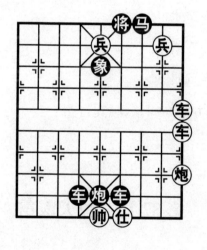

图 86

(一)黑方陷阱

后车平四,车 6 退 3;车一平四,车 6 退 1;炮一进七,马 7 进 8;兵二进一,马 8 退 9,黑胜。

（二）正确着法

1. 后车平四,车 6 退 3。

2. 仕六进五,车 6 进 3。

3. 车一平四,车 6 退 4。

4. 兵二平三,车 4 平 5。

如马 7 进 9,炮一平四;车 6 进 3,仕五进四;马 9 进 8,兵三平四,红胜。

5. 帅五进一,马 7 进 9。

6. 炮一平五,象 5 退 3。

7. 兵三平四,车 6 退 3。

8. 兵五平四,将 6 进 1。

双方成和。

第 87 局　惊天霹雳

着法:红先(图 87)

1. 兵五进一……

如前炮平四,车 6 平 5(如车 6 进 3,炮二平四;车 6 进 2,车一进九连杀,这是红方极易获胜的假象);炮二平四,卒 5 平 6;后兵平五,前卒平 5;帅五平四,卒 6 进 1,黑胜。

1. ……将 6 平 5。

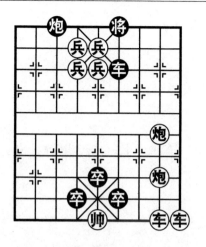

图 87

2. 前炮平五,将 5 平 6。

3. 炮二平四,车 6 平 5。

4. 车一进九,炮 3 平 9。

5. 车二进九,将 6 进 1。

6. 前兵平五,车 5 退 1。

7. 车二退一,将 6 退 1。

8. 炮五平四,卒 5 平 6。

9. 车二平五,炮 9 进 8。

10. 车五进一,将 6 进 1。

11. 车五退四,卒 4 平 5。

12. 帅五平六,炮 9 进 1。

13. 车五平四,将 6 平 5。

14. 炮四退三,卒 6 进 1。

15. 车四平一,卒 6 进 1。

如误走炮 9 平 7,红则兵六进一连杀。

16. 车一退五,卒 6 平 5。

17. 车一平五,卒 5 进 1。

双方成和。

第 88 局　汉雁双飞

着法:红先(图 88)

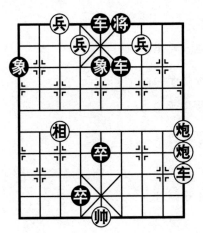

图 88

1. 前炮平四,车 6 进 3。

2. 炮一平四,卒 5 平 6。

3. 兵七平六……

如车一进七,象 5 退 7;帅五平四,卒 6 平 7,黑胜。这是该局黑方暗布的主要陷阱。

3. ……车 6 平 5。

4. 车一平五,卒 6 平 5。

5. 车五平四……

如误走前兵平五,将 6 平 5;车五平八,卒 5 平 4;帅五平四,车 5 平 6;帅四平五,车 6 平 3;车八退二,象 1 退 3;兵三平四,车 3 平 5;帅五平四,车 5 平 6;帅四平五,车 6 退 4;车八进八,将 5 平 6,黑胜。

5. ……卒 5 平 6。

6. 车四平五,车 5 进 2。

7. 相七退五,卒 6 进 1。

8. 前兵平五,将 6 平 5。

9. 兵三平四,卒 6 进 1。

10. 相五进三,象 1 进 3。

11. 相三退一,象 3 退 1。

双方各自飞相(象),汉雁双飞。和棋。

第 89 局　十八学士

着法:红先(图 89)

1. 前炮平六,车 4 进 1。

2. 兵五平六……

如炮一平六,则跌入黑方陷阱,以下车 4 平 6,车四退二;卒 8 平 7,相五退三;卒 5 平 6,帅四平五;炮 8 进 1,黑胜。

2. ……车 4 退 2。

3. 车四平六,将 4 进 1。

4. 车一平二,马 5 进 7。

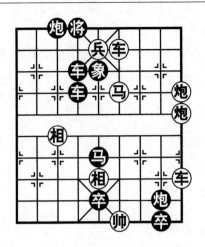

图 89

5. 车二平三,炮 8 平 9。

6. 车三平一,炮 9 平 6。

7. 车一退二,卒 8 平 9。

如改走炮 3 平 6,则马三退四;卒 8 平 9,炮一平五,卒 5 平 4,相五进三;卒 9 平 8,相七退五;前炮平 5,马四退六;炮 5 退 4,马六退五;卒 4 平 5,马五退六;卒 5 平 4,帅四进一,也是和棋。

8. 炮一平五,炮 3 平 6。

9. 马三退四,前炮退 2。

10. 炮五退四,前炮平 5。

11. 帅四平五,炮 5 进 2。

12. 帅五进一。

双方成和。

第 90 局　十三太保

着法:红先(图 90)

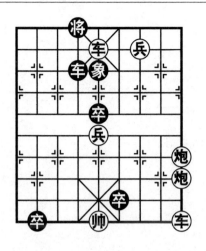

图 90

1. 车五进一……

如误走前炮平六,则车 4 进 4;炮一平六,车 4 平 5(红方希望黑走车 4 进 1,然后车一进九杀。这是红方极易获胜的假象);帅五平六,卒 2 平 3;帅六进一,卒 6 平 5,黑胜。这是黑方的主要陷阱。

1. ……将 4 平 5。

2. 车一平二,车 4 进 6。

3. 车二进九,象 5 退 7。

4. 车二平三,将 5 进 1。

5. 前炮进五,将 5 进 1。

6. 车三平五,将 5 平 6。

7. 车五平四,将 6 平 5。

8. 车四退八……

唯此才能求和。如改走后炮退二,车 4 平 5;帅五平六,卒 6 进 1;车四退九,卒 2 平 3,黑胜。

8. ……车 4 平 6。

9. 兵五进一,车6退5。

10. 后炮退二,将5平4。

11. 炮一平八,车6进2。

12. 帅五进一,车6平5。

13. 帅五平四,车5退1。

14. 炮八平四。

双方成和。

第 91 局　平地惊雷

着法:红先(图 91)

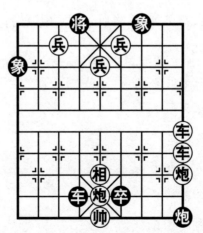

图 91

1. 后车平六,车4退2。

2. 车一平六,车4退1。

3. 兵五平六⋯⋯

如误走炮一进七,则象 7 进 9;兵四进一,炮 9 退 9,黑胜。这是黑方布下的陷阱。

3. ······卒 6 平 5。

此时红方也给黑方暗设了陷阱。黑如误走车 4 退 3,则炮一进七;象 7 进 9,兵四进一;炮 9 退 9,兵四平五,红胜。

4. 帅五进一,车 4 退 3。

5. 炮一进七······

如兵四平五,炮 9 平 4;炮一退二,车 4 进 2;炮一平四,象 7 进 5;炮四平二,和棋。

5. ······象 7 进 9。

6. 兵四平五,炮 9 退 9。

7. 兵七平六,车 4 退 1。

8. 兵五平六,将 4 进 1。

双方成和。

第 92 局　水底擒蛟

着法:红先(图 92)

1. 后车平六,车 4 退 2。

2. 炮四平六······

如误走车三平六,则落入黑方陷阱,以下车 4 退 1,炮三进五;象 5 进 7,炮四退二;炮 7 退 6,黑胜。

2. ······车 4 进 3。

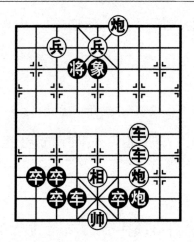

图 92

黑弃车引炮,解杀妙手。

3. 炮六退九,炮 7 退 3。

4. 相五进三,前卒进 1。

5. 炮六进一……

如改走炮六进六,则象 5 退 3;炮三进一,前卒平 4;帅五平六,将 4 平 5;炮三平五,卒 3 进 1;炮六平五,将 5 平 6;相三退五,卒 2 平 3;后炮平一,后卒平 4;炮一退二,卒 6 进 1,黑胜。

5. ……前卒平 4。

6. 帅五平六,卒 6 平 5。

7. 炮三平六,卒 5 平 4。

8. 帅六进一,卒 3 平 4。

9. 帅六平五。

双方成和。

第93局　横槊赋诗

着法:红先(图93)

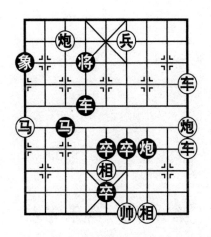

图93

1. 马九进八……

首着献马,引离黑马撤离3路线,为以后红七路炮退守疏通道路。

1. ……马3退2。

2. 炮一平六,车4进1。

3. 前车进一,将4退1。

4. 兵四平五,将4平5。

5. 前车进一,将5退1。

6. 前车平六……

红解杀还杀。此招献车解围为该局的闪光点。

6. ……车4进4。

黑弃车解杀,双方妙手迭出。

7. 车六退八,卒 6 进 1。

8. 炮七退七,炮 7 平 6。

9. 车一平四,后卒平 6。

10. 车六进三,前卒进 1。

11. 炮七平四,卒 6 进 1。

12. 车六平四,卒 6 进 1。

13. 车四退二,卒 5 平 6。

14. 帅四进一。

双方成和。

第 94 局　继承先志

着法:红先(图 94)

观枰面,黑方要杀;而红方似乎没有较好的着法来应对。加大红方守和难度,也是本局的一个特点。

1. 兵六平五,士 6 退 5。

2. 车三平四,士 5 进 6。

3. 车四进一,将 6 进 1。

4. 兵四进一,将 6 退 1。

如将 6 平 5,兵四平五,红胜。

5. 炮五平四……

红弃炮引车,为谋和要着。如随手走兵四进一,将 6 退 1,红无杀

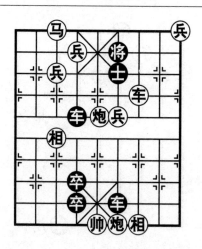

图 94

且帮助黑方调整阵形,黑胜。

5.······车 4 平 6。

6. 炮四进五,车 6 退 4。

7. 马七退六,将 6 退 1。

8. 兵一平二,车 6 平 7。

9. 相三进一,车 7 进 4。

10. 兵二平三,车 7 退 8。

11. 兵四进一,车 7 进 1。

12. 兵四进一,车 7 平 6。

13. 马六进四,将 6 进 1。

14. 相一进三。

双方成和。

第 95 局　急流勇退

着法:红先(图 95)

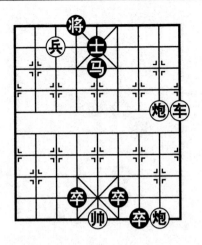

图 95

该局双方子力不多,但红方要想阻止黑方 3 卒的杀势也绝非易

事。

1. 车一进四,士 5 退 6。

2. 前炮进四,士 6 进 5。

3. 前炮退八,士 5 退 6。

4. 前炮平六,卒 7 平 6。

5. 帅五平六,后卒平 5。

6. 炮二进九,士 6 进 5。

7. 炮二退五,士 5 退 6。

8. 炮二平六……

如误走炮二平五或车一退九,黑均卒 5 进 1 胜。

8. ……将 4 平 5。

9. 前炮平五,马 5 退 7。

如随手走马 5 退 3 去兵,则炮六进一,红胜定。

10. 炮六进一,卒 6 平 5。

11. 炮五退四, 卒 5 进 1。

12. 帅六进一, 马 7 退 9。

双方成和。

第 96 局 最后逞兵

着法:红先(图 96)

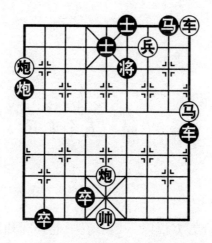

图 96

该局虽是一小局, 子力不多, 但着法紧凑、巧妙, 是一个不可多得的佳局。

1. 炮五进五……

该局黑方两翼要杀, 红方通过打将, 调整部署, 计划兑子成和。

1. ……士 5 进 4。

2. 车一退二, 马 8 进 9。

3. 炮五平一, 士 4 退 5。

4. 马一进二, 车 9 退 2。

5. 马一退三, 炮 1 平 7。

6. 炮九平一……

至此, 通过一场激烈战斗、兑子, 红方终于化解了黑方两翼包抄的杀势。

6. ……卒 2 平 3。

7. 炮一退七, 卒 3 平 4。

8. 炮一平六, 卒 4 进 1。

9. 帅五平六。

双方成和。

第 97 局　五个老兵

着法: 红先(图 97)

该局布子奇巧, 红方仅以一炮及五个老兵守和黑方车、双马、炮及双卒, 其难度之大可想而知。

1. 兵七平六, 将 5 平 4。

2. 兵八平七, 将 4 平 5。

3. 炮八进一, 炮 4 退 1。

4. 兵三平四……

红方五兵虽老, 但各尽其用, 从两翼骚扰敌阵, 黑方苦不堪言。

4. ……将 5 平 6。

5. 兵七平六, 马 5 退 3。

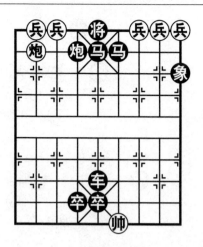

图 97

6. 兵六平七,车 5 退 7。

7. 兵七平六,卒 4 进 1。

8. 炮八平五,卒 4 平 5。

9. 炮五退九,卒 5 进 1。

10. 帅四平五,马 6 退 4。

11. 兵二平三,象 9 退 7。

12. 帅五进一。

双方成和。

第 98 局　五子夺魁

着法:红先(图 98)

1. 炮三进二,象 5 退 7。

2. 车二平七……

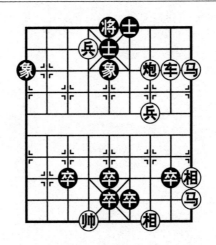

图 98

红如车二平九企图双要杀,则前卒平 4;帅六进一,卒 3 进 1;帅六退一,卒 3 进 1;帅六进一,卒 6 平 5,黑胜。这是黑方精心设计的陷阱。

2. ······前卒平 4。

3. 帅六进一,卒 3 平 4。

4. 帅六退一,象 7 进 9。

5. 兵三平四,卒 5 进 1。

6. 车七退六,士 5 退 4。

7. 兵四平五,卒 8 进 1。

8. 相一进三,卒 8 平 9。

9. 相三进一,士 6 进 5。

10. 车七平八,卒 4 进 1。

11. 车八平六,卒 5 平 4。

12. 帅六进一。

双方成和。

第99局 金宋连和

着法:红先(图99)

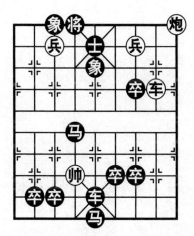

图99

1. 车二进三……

如兵三进一,士5退6;兵三平四,象5退7;兵四平五,车5退8,黑胜。这是黑方巧设的陷阱。

1. ……象5退7。

2. 车二退五,象7进9。

3. 车二平六,将4平5。

4. 兵三进一,士5退6。

5. 车六进五,将5进1。

6. 兵七平六,将5进1。

7. 车六平五,将5平6。

8. 车五平四,将 6 平 5。

9. 车四平五,将 5 平 6。

10. 车五退八,马 5 退 7。

11. 炮一平七,卒 6 平 5。

12. 车五进一,马 7 退 5。

13. 帅六平五,前卒平 6。

14. 帅五平六,将 6 平 5。

15. 炮七退七,象 9 退 7。

双方成和。

第 100 局　力战五将

着法:红先(图 100)

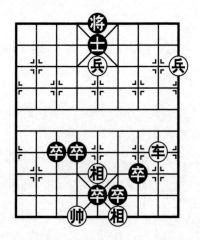

图 100

1. 车二进五,卒 5 平 4。

2. 帅六进一……

如帅六平五,将 5 平 6;车二进一,将 6 进 1;兵五进一,将 6 平 5;车二退八,卒 4 平 5;帅五平六,卒 4 进 1,黑胜。

2. ……将 5 平 4。

3. 车二进一,将 4 进 1。

4. 兵五进一,将 4 平 5。

5. 车二退五,卒 7 平 6。

6. 车二平五,将 5 平 4。

7. 车五平六,将 4 平 5。

8. 兵一平二,卒 3 进 1。

9. 车六退一,卒 3 进 1。

10. 帅六退一,前卒平 5。

11. 兵二平三,卒 6 进 1。

12. 兵三平四,卒 3 平 4。

13. 车六退二,卒 5 平 4。

14. 帅六进一。

双方成和。

第 101 局　剖腹藏珠

着法:红先(图 101)

1. 车五进五,车 8 退 4。

2. 车五平二,炮 4 进 1。

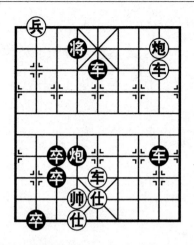

图 101

此时枰面上黑方子力较弱,现又弃炮,看似无可奈何,实则是与红方抗衡的妙手。

3. 仕五进六,将 4 平 5。

4. 车二平五……

红弃车引离黑将,系无奈之举。如改走仕六进五,则卒 2 平 3;车二平五,将 5 进 1;炮二平七,中卒进 1;炮七退七,后卒进 1,红无解。

4. ……将 5 进 1。

5. 炮二平七,后卒平 4。

6. 仕六进五,卒 3 进 1。

7. 帅六退一,卒 3 平 2。

8. 炮七平二,卒 4 进 1。

9. 帅六平五,后卒平 3。

10. 帅五平四,卒 4 平 5。

11. 帅四进一,卒 3 平 4。

12. 炮二退七,卒 4 平 5。

13. 炮二平五, 卒 5 进 1。

14. 帅四进一。

双方成和。

第 102 局　单车守卒

着法:红先(图 102)

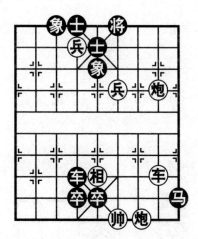

图 102

1. 兵四进一, 士 5 进 6。

2. 炮二平四, 士 6 退 5。

3. 炮四进二, 士 5 进 6。

如将 6 平 5,炮四平一;士 5 退 6,车二进七;车 4 退 6,车二平四;将 5 进 1,车四退一;将 5 退 1,车四平六,红多子,胜定。

4. 车二进七,将 6 进 1。

5. 车二退一,将 6 退 1。

6. 车二退一,车 4 退 6。

黑如马 9 退 7,炮三进一;马 7 退 6,车二平四;将 6 平 5,车四退三;士 4 进 5,车四平二,红胜定。

7. 车二平四,将 6 平 5。

8. 车四进二,将 5 进 1。

9. 车四退一,将 5 退 1。

10. 车四平六,马 9 进 7。

11. 相五退三。

以下车守双卒,和棋。

第 103 局　功成身退

着法:红先(图 103)

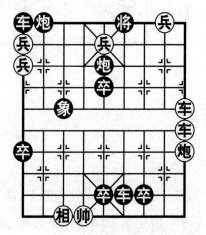

图 103

该局黑方杀势甚浓,实战中,双方均如履薄冰。

1. 后车平四,炮 5 平 6。

2. 车一平六,炮 2 平 4。

红若车一平三催杀,黑则炮 2 进 9,再车 1 平 4 胜。

3. 车六平五……

如车六平四,卒 5 平 4;帅六平五,车 6 平 5;帅五平四,卒 7 进 1,黑胜。

3. ……炮 4 平 8。

4. 炮一进六,炮 8 进 8。

5. 车四退三,卒 7 平 6。

6. 车五进一……

如车六平四,卒 5 平 4;帅六平五,卒 6 平 5,黑胜。

再如车五平二,卒 5 平 4;帅六平五,炮 6 平 5,黑胜。

6. ……炮 8 进 1。

7. 车五平二,卒 6 进 1。

8. 车二退六,卒 6 平 5。

9. 车二平五,卒 5 进 1。

10. 帅六平五,车 1 进 1。

11. 兵九进一,象 3 退 5。

12. 兵九平八,炮 6 退 1。

13. 兵五平四,将 6 进 1。

双方成和。

第 104 局　硬杀变活

着法:红先(图 104)

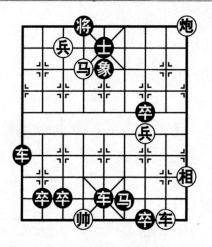

图 104

1. 车二进九, 象 5 退 7。

2. 车二平三, 士 5 退 6。

3. 车三平四, 车 5 退 8。

4. 车四退八, 车 5 进 9。

黑如误走车 5 平 9, 红则兵七进一; 将 4 进 1, 车四进七, 红胜。

5. 帅六平五, 卒 7 平 6。

6. 车四退一, 车 1 进 3。

7. 帅五进一, 车 1 平 6。

8. 炮一退三, 卒 3 平 4。

9. 帅五进一, 车 6 平 5。

10. 帅五平四, 车 5 退 6。

11. 马六进四, 车 5 退 2。

12. 兵七平六, 将 6 进 1。

13. 炮一进二, 卒 7 进 1。

14. 相一进三, 卒 2 平 3。

15. 炮一平五, 将 4 平 5。

双方成和。

第 105 局　白马卧栏

着法:红先(图 105)

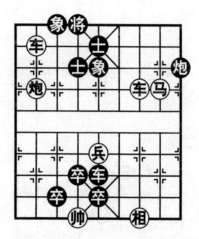

图 105

1. 车八平六, 将 4 平 5。

2. 马二进三, 将 5 平 6。

3. 车三平四, 炮 9 平 6。

4. 车四进一, 士 5 进 6。

5. 马三退五, 将 6 平 5。

如士 6 退 5, 炮八进三; 象 3 进 1, 车六进一; 将 6 进 1, 马五退三; 将 6 进 1, 炮八退二, 红胜。

6. 车六进一, 将 5 进 1。

7. 炮八平五,将 5 进 1。

8. 炮五退四,卒 4 平 5。

9. 车六退二,将 5 退 1。

10. 相三进五,卒 3 平 4。

11. 车六退六,卒 5 平 4。

12. 帅六进一。

双方成和。

第 106 局　小车马

着法:红先(图 106)

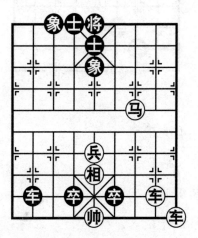

图 106

1. 车一进九,象 5 退 7。

2. 车一平三,士 5 退 6。

3. 车三平四……

红以车咬士,为谋和关键。如改走马三进四,以下红无连杀,黑胜。

3. ……将 5 平 6。

4. 车二平四,将 6 平 5。

5. 马三进四,将 5 进 1。

6. 马四退六,将 5 退 1。

7. 车四平六,车 2 平 4。

8. 马六退七,车 4 退 3。

9. 帅五进一。

至此,形成红方马、兵、相守和黑单车的正和局面。

第 **107** 局　　七擒七纵

着法:红先(图 107)

1. 兵四平五,士 4 进 5。

如将 5 进 1,车九平五;将 5 平 4,马八退七;将 4 进 1,车五平六,红胜。

2. 车九进六,士 5 退 4。

3. 炮七平二,卒 5 平 6。

如车 8 进 1,车九平六,红胜。

再如士 6 进 5,车九平六;士 5 退 4,马八退六,红胜。

4. 帅四进一,卒 7 平 6。

5. 帅四进一,车 7 进 7。

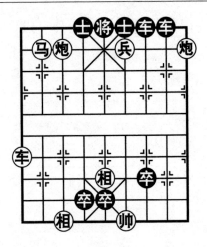

图 107

6. 帅四退一,卒 4 平 5。

7. 帅四平五,车 7 进 1。

8. 帅五退一,车 7 平 4。

9. 车九平六,车 4 退 8。

10. 马八进六,将 5 平 4。

11. 炮二平八,车 8 进 1。

12. 炮一进一,车 8 退 1。

13. 炮一退五,车 8 进 4。

14. 炮一平五。

双方成和。

第 108 局　春风解冻

着法:红先(图 108)

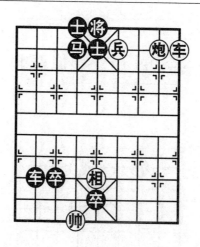

图 108

1. 车一进一，士 5 退 6。

2. 炮二进一，士 6 进 5。

3. 炮二退九，士 5 退 6。

4. 炮二平三，车 2 进 2。

黑弃车引炮，实属无奈。如误走卒 3 进 1，则车一平四；马 4 退 6，炮三进九，红胜。

5. 炮三平八，卒 3 进 1。

6. 炮八进九，士 4 进 5。

7. 兵四平五，将 5 进 1。

8. 车一退一，将 5 退 1。

9. 车一平六，卒 3 平 4。

10. 车六退七，卒 5 平 4。

11. 帅六进一。

双方成和。

第109局 震惊百里

着法:红先(图109)

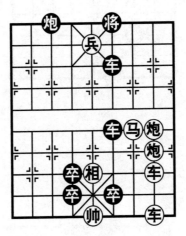

图109

1. 前炮平四,车6进3。

2. 炮二平四,车6平7。

3. 炮四平五,后卒平5。

4. 兵五进一,将4平5。

红此着如误走前车平五,黑则车7进2,胜定。

5. 前车平五,炮3进5。

6. 炮五进一,将5平4。

黑先避一手,正着。如误走车7平6,炮五平六;车6平5,车五进二;炮3平5,车二进四;卒6平5,帅五平四;炮5退3,车二进三;将5进1,炮六平五,红胜定。

7. 车五平六,将 4 平 5。

8. 车六退一,车 7 平 5。

9. 帅五平六,炮 3 平 4。

黑如误走卒 6 平 5,红则车六进八连杀。

10. 车六平四,炮 4 退 5。

11. 车二进一。

双方成和。

第 110 局 琴瑟间钟

着法:红先(图 110)

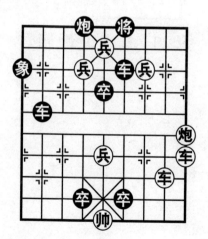

图 110

1. 炮一平四,车 6 平 7。

2. 车一进六,车 7 退 2。

3. 兵五进一,将 6 平 5。

4. 炮四平五,车 2 平 5。

5. 车一平三,炮 4 平 7。

6. 车二进四,车 5 进 1。

如炮 7 进 1,车二平五;炮 7 平 5,车五退一(如误走车五进二,将 5 平 6,反为黑胜),红胜定。

7. 兵五进一,卒 4 平 5。

8. 帅五平六,炮 7 进 9。

9. 车二平五,将 5 平 6。

10. 车五平四,将 6 平 5。

11. 车四退五,卒 5 平 6。

以下黑方炮、低卒、象可以守和红方双兵。

第 111 局　　北地谏君

着法:红先(图 111)

1. 兵四进一,将 5 平 6。

2. 车六进一,士 5 退 4。

3. 后炮平四,士 6 退 5。

4. 兵三平四,将 6 平 5。

5. 炮四平九,卒 5 进 1。

6. 帅四进一,卒 4 平 5。

7. 帅四平五……

如帅四进一,前车进 5;相七退九,车 1 进 6;炮五退一,车 1 平 5;

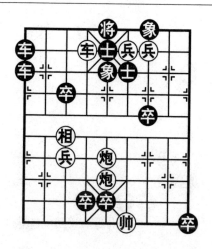

图 111

帅四平五,后卒平 4,黑胜。

7. ······前车进 2。

8. 炮九进六,车 1 平 5。

9. 炮九进一,象 5 退 3。

10. 炮五退一,卒 7 进 1。

11. 帅五平四,卒 7 平 6。

12. 炮九退八,卒 6 进 1。

13. 炮九平五,车 5 进 3。

14. 相七退五,卒 3 进 1。

双方成和。

第 112 局　八轮共驾

着法:红先(图 112)

157

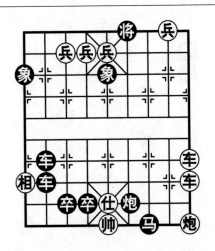

图 112

该局为各种姊妹局中较为简单的一局,但着法也颇微妙。

1. 后车平四,马 7 退 6。

2. 车一平八……

红如误走车一平四,则炮 6 退 2;仕五进四,前车进 2;炮一平八,车 2 进 3,黑胜。

2. ……炮 6 平 9。

3. 帅五平四……

如仕五进四,车 2 平 5;帅五平四,车 5 平 6;帅四平五,车 6 进 2,黑胜。

3. ……车 2 退 1。

4. 兵六进一,车 2 退 6。

5. 兵七进一,车 2 平 3。

6. 兵六平七,象 1 退 3。

7. 仕五进四,卒 4 平 5。

8. 炮一平三,卒 3 平 4。

9. 炮三进三,卒 4 进 1。

10. 炮三平五,炮 9 退 3。

11. 炮五进一。

双方成和。

第 113 局 青云得路

着法:红先(图 113)

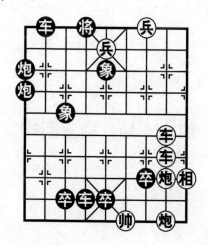

图 113

1. 后车平六,前炮平 4。

2. 车六退二,车 2 进 9。

如卒 3 平 4,车二平八,红胜定。

3. 后炮平八,卒 3 平 4。

如炮 1 进 7,车六退一;卒 7 平 6,车二平四;卒 6 进 1,车四退三;卒 5 平 6,帅四进一;炮 1 平 4,炮二进七,红胜。

4. 车二平九,象 5 退 7。

5. 车九进二,炮 4 退 1。

6. 炮二进七,象 7 进 9。

7. 炮二平五,卒 7 平 6。

如象 3 退 5,炮八进四,红胜定。

8. 炮五退八,卒 4 平 5。

9. 车九平四,卒 6 进 1。

10. 车四退五,卒 5 平 6。

11. 帅四进一,炮 4 进 1。

12. 炮八平四。

双方成和。

第 114 局　横云断岭

着法:红先(图 114)

1. 后车平六,炮 9 平 4。

2. 车六退四,卒 3 平 4。

3. 车二平五,卒 5 进 1。

4. 车五退五,卒 6 平 5。

5. 帅五平四,炮 4 平 8。

6. 兵四进一,炮 8 退 2。

7. 兵四平三,卒 4 进 1。

8. 炮二退四,卒 4 平 5。

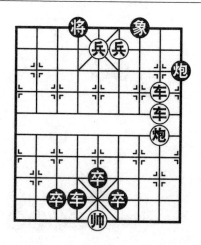

图 114

9. 炮二平五,卒 5 进 1。

10. 帅四平五,炮 8 进 2。

11. 兵三平四,炮 8 平 5。

12. 兵四平五,炮 5 退 2。

13. 兵五进一,将 4 进 1。

双方成和。

第115局　卒坑长平

着法:红先(图 115)

1. 兵六进一,将 4 退 1。

2. 兵六进一,将 4 退 1。

3. 兵六进一,将 4 平 5。

4. 兵六平五,将 5 进 1。

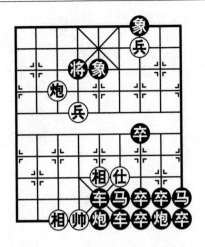

图 115

5. 炮七平五,象 5 退 3。

6. 炮五退五,象 7 进 5。

7. 相五进三,象 5 进 7。

8. 相七进五,象 3 进 5。

9. 相五进七,象 5 进 3。

10. 相三退一,象 3 退 1。

双方成和。

第 116 局　舍车徒行

着法:红先(图 116)

1. 后车平四,车 6 退 3。

2. 仕六进五,卒 8 平 7。

3. 车五平六……

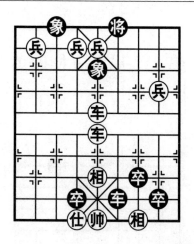

图116

如误走兵六进一,则卒4平5;帅五进一,前卒平6;帅五退一,卒6进1;帅五进一,车6进3,黑胜。

3. ……前卒平6。

4. 车六退四,卒6平5。

5. 帅五进一,车6进3。

6. 帅五退一,车6平4。

7. 兵二平三,卒7平6。

8. 兵六进一……

红如兵三进一,黑则卒6进1捷足先登。

8. ……车4退8。

9. 兵三进一,车4平5。

如车4进4,兵三进一;车4平6,兵八平七;卒6进1,相五进七,红胜定。

10. 兵五进一,将6进1。

双方成和。

第 117 局　五桂联芳

着法:红先(图 117)

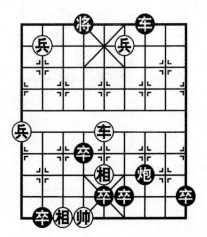

图 117

1. 车五平六……

如误走兵四平五,则卒 5 平 4;帅六平五(帅六进一,卒 4 进 1 连杀),卒 6 平 5;帅五平四,车 7 平 6,黑胜。

1. ……将 4 平 5。

2. 车六平七,卒 2 平 3。

3. 车七退四……

红如相五退七,黑则卒 5 进 1 连杀。

3. ……卒 5 平 4。

4. 帅六平五……

红如帅六进一,黑则将 5 平 4,黑胜定。

164

4. ······后卒平 3。

5. 车七进三,将 5 平 4。

6. 车七平六,将 4 平 5。

7. 车六退二,炮 7 平 9。

8. 车六平四,车 7 进 9。

9. 帅五进一,车 7 平 2。

10. 车四进一,车 2 退 8。

11. 车四平一,车 2 平 6。

12. 车一退一,车 6 进 6。

13. 兵九进一,车 6 平 5。

14. 帅五平六,车 5 退 3。

15. 车一进八,将 5 进 1。

16. 车一平六。

双方成和。

第 118 局　暗藏春色

着法:红先(图 118)

1. 车一平四,车 3 平 6。

黑这一手暗藏春色,为 3 路炮闪击防守让路。

2. 车四进二,马 4 进 6。

3. 兵五平四······

红如误走车九进四,黑则炮 3 退 8 反照取胜。

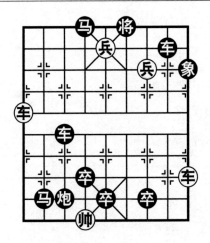

图 118

3. ······车 8 平 6。

4. 车四进四,将 6 进 1。

5. 车九平四,将 6 平 5。

6. 车四平五,将 5 平 4。

7. 车五退四,马 2 退 3。

8. 车五进五······

红如车五平三,则马 3 进 5;车 3 平 5,炮 3 退 2;帅六平五,炮 3 平 5,黑胜。

8. ······卒 4 进 1。

9. 帅六平五,卒 4 进 1。

10. 帅五进一,卒 7 平 6。

11. 帅五平四,马 3 进 4。

12. 车五退五,炮 3 平 5。

13. 帅四平五。

双方成和。

第119局　江心垂钓

着法:红先(图119)

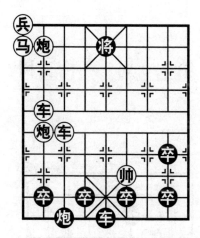

图 119

1. 车七进四,将5退1。

2. 车七进一,将5进1。

3. 车七平五,将5退1。

4. 前炮平五,卒2平3。

黑如将5进1,红则马九进七;将5退1,车八平五;车5退5,炮八进五,红胜。

5. 炮八平七,车5退7。

黑如炮3退4,车八进四;将5进1,马九退七;将5进1,车八平五抽车,红胜定。

6. 炮七退四,将5进1。

7. 马九进七,将 5 退 1。

8. 车八平五,车 5 进 2。

9. 马七退六,将 5 进 1。

10. 马六退五,卒 3 进 1。

双方成和。

第 120 局　雪梅云树

着法:红先(图 120)

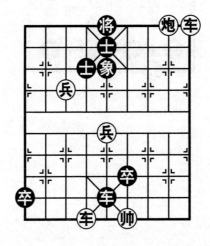

图 120

1. 炮二退八……

红如炮二退四,象 5 退 7;炮二平五,将 5 平 6;炮五退四,卒 6 进
1;帅四平五,卒 6 进 1,黑胜。

1. ……象 5 退 7。

2. 车一平三,士 5 退 6。

168

3. 炮二平九,车 5 平 6。

4. 帅四平五,卒 6 平 5。

5. 车六进一,车 6 平 4。

6. 车三退七,车 4 退 1。

7. 兵五进一,卒 5 进 1。

8. 帅五进一,车 4 平 7。

9. 炮九进五,车 7 退 1。

10. 兵五进一,车 7 平 1。

11. 炮九平八,车 1 平 3。

12. 兵七平六。

双方成和。

第 121 局　一叶迷山

着法:红先(图 121)

1. 兵四平五,士 6 进 5。

2. 车二进一,象 5 退 7。

3. 车二平三,士 5 退 6。

4. 车四进四,将 5 进 1。

5. 车四退一……

红如误走车三退一,将 5 进 1;车四平六,卒 2 平 3;相九退七,卒 5 进 1;帅六进一,马 4 进 2;帅六进一,马 2 进 3;帅六退一,马 3 退 2;帅六进一,马 2 退 3;帅六退一,马 3 进 2;帅六进一,炮 1 进 4,黑胜。

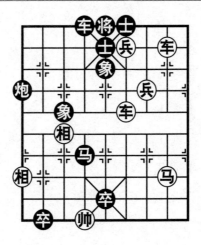

图 121

5. ……将 5 平 6。

6. 车三平六，马 4 进 2。

7. 相七退五，将 6 平 5。

8. 车 6 平 8，马 2 进 4。

9. 马二进四，卒 2 平 3。

10. 相九退七，炮 1 进 6。

11. 车八退九，马 4 进 2。

12. 马四退五，马 2 退 3。

13. 帅六进一，马 3 进 5。

14. 帅六平五。

双方成和。

第 122 局　九月重阳

着法:红先(图 122)

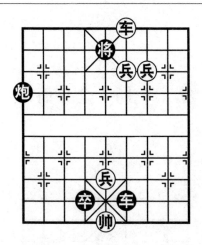

图 122

该局双方子力较少,着法也较简单。但红方若不慎,也会坠入黑方陷阱。

1. 兵四平五,将 5 平 4。

黑如将 5 进 1,车四退八,红胜。

2. 兵五进一……

上一着黑不吃兵而平将,给红方设下陷阱。此着红如误走车四退八,则卒 4 进 1;帅五进一(帅五平四,炮 1 进 6,黑胜),炮 1 平 5,黑胜。

2. ……将 4 进 1。

3. 车四退二,车 6 退 6。

4. 兵三平四,炮 1 退 1。

5. 兵四进一,炮 1 进 1。

6. 后兵进一,炮 1 平 5。

7. 帅五平四,卒 4 平 5。

8. 后兵进一,炮 5 平 2。

9. 兵五进一,炮 2 进 1。

双方成和。

第 123 局　全身而退

着法:红先(图 123)

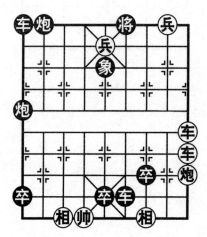

图 123

1. 后车平四,炮 1 平 6。

2. 车一平六,炮 2 平 8。

3. 车四退二,炮 8 进 9。

4. 车四退一,车 1 平 3。

5. 相七进五,炮 8 平 6。

6. 炮一进一,卒 7 平 6。

红升炮,计划再平四路叫杀,黑平卒必然。

7. 炮一进六,后炮平 5。

8. 炮一平七,炮 5 退 3。

9. 车六进五,将 6 进 1。

10. 车六退一,卒 1 平 2。

11. 炮七退一,将 6 退 1。

12. 炮七平五,卒 2 平 3。

13. 炮五平一,炮 6 平 5。

14. 炮一退八,卒 6 进 1。

15. 车六退四,炮 5 退 2。

16. 炮一平五,卒 6 平 5。

17. 相三进五,卒 3 平 4。

18. 车六退三,卒 5 平 4。

19. 帅六进一。

双方成和。

第 124 局　彩云追月

着法:红先(图 124)

1. 前车平六,车 4 退 5。

2. 前兵进一,将 4 平 5。

红方连弃车、兵解杀,为反攻赢得时间。

3. 车二进九,车 2 平 7。

4. 相五进三,车 7 进 1。

5. 帅五进一,车 7 退 1。

6. 帅五退一,车 4 平 5。

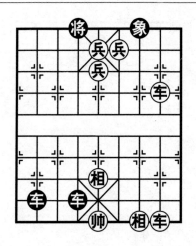

图 124

黑如误走车 7 退 3,则兵五进一;将 5 平 4,兵五进一;将 4 进 1,兵四平五;将 4 进 1,车二退二;象 7 进 5,车二平五,红胜。

7. 帅五平六,车 7 退 3。

8. 兵五进一,车 5 退 2。

9. 兵四平五,将 5 进 1。

10. 车二退一,将 5 退 1。

11. 车二平六。

双方成和。

第125局　和合二炮

着法:红先(图 125)

该局虽为小局,但黑方也有陷阱,红方如不小心,也会败北。

1. 炮三进一……

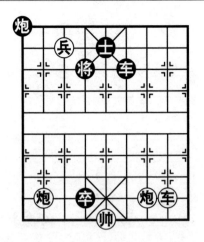

图 125

红如炮三进六企图再车二平六杀,黑则车 6 进 6;车二平四,卒 4
进 1;帅五进一(帅五平四,炮 1 进 9;炮八退一,卒 4 平 5,黑胜),炮 1
平 5;炮三平五,士 5 进 6,黑胜。

1.……炮 1 平 5。

2. 炮三平五,卒 4 进 1。

黑如炮 5 进 7,车二平六;将 4 平 5,车六进一,红胜定。

3. 帅五进一,车 6 平 5。

4. 车二进一,车 5 进 5。

5. 车二平五,炮 5 进 7。

6. 帅五进一,士 5 退 6。

双方成和。

第 126 局　大闹天宫

着法:红先(图 126)

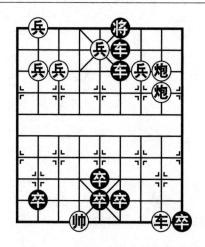

图 126

1. 前炮平四,车 6 进 1。

2. 炮二平五……

红如炮二平四,车 6 平 4;兵七平六,前卒平 4;帅六进一,卒 2 平 3;帅六退一,卒 3 进 1;帅六进一,卒 6 平 5,黑胜。

2. ……前卒平 4。

3. 帅六进一,卒 2 平 3。

4. 帅六退一,卒 3 进 1。

5. 帅六进一,卒 6 平 5。

6. 炮五退五,卒 5 进 1。

7. 帅六平五,车 6 平 5。

8. 帅五平六,卒 9 平 8。

9. 前兵平七,车 5 退 1。

10. 后兵平六,将 6 平 5。

11. 兵三平四,卒 8 平 7。

12. 兵八平七,车 5 平 8。

双方成和。

第 127 局　三仙斗宝

着法:红先(图 127)

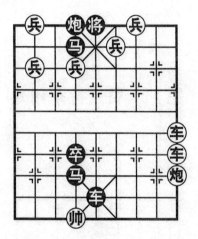

图 127

1. 后车平五,卒 4 平 5。

2. 车一平五,马 4 退 5。

3. 前兵平七……

红如炮一进七,黑则马 4 退 6 反照胜。

3. ……炮 4 平 7。

4. 兵六进一,马 5 退 4。

5. 炮一平六,卒 5 平 4。

黑如马 4 退 2,红则炮六平五;车 5 退 1(卒 5 平 4,兵六平五,红胜),兵六平五,红胜。

6. 炮六进四,炮7平3。

7. 兵八平七,卒4进1。

8. 兵六平五,车5退7。

9. 兵四平五,将5进1。

10. 兵七平六,炮3进6。

11. 炮六平五。

双方成和。

第128局　行军用兵

着法:红先(图128)

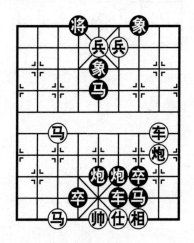

图128

1. 兵五平六,将4平5。

黑如将4进1,车二平六;马5进4,炮二平六;马4退6,前马进六;马6进4,马六进八,红胜。

2. 兵四平五,将 5 平 6。

3. 车二平四,马 5 进 6。

4. 炮二平四,马 6 退 8。

5. 炮四退二,马 8 退 6。

6. 后马进八,炮 6 退 1。

7. 马八退六,卒 7 平 6。

8. 马六进四,炮 6 进 2。

9. 帅五进一,炮 5 退 6。

10. 兵六平五,马 6 退 5。

11. 帅五平四,马 7 退 8。

12. 仕四进五,马 8 进 6。

13. 仕五进四。

双方成和。

第 129 局 五寨会盟

着法:红先(图 129)

1. 前炮平六,车 4 进 1。

2. 炮一平六,车 4 平 5。

唯此着才能解杀,如车 4 平 9,则兵七平六,红胜。

3. 仕六进五……

红如车五退三,黑则炮 2 进 1 连杀。

3. ……卒 4 平 5。

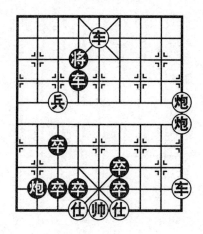

图 129

4. 仕四进五,前卒平 5。

5. 车一平五,车 5 进 4。

6. 车五退七,炮 2 平 5。

7. 帅五进一,前卒平 4。

8. 帅五平六,卒 6 平 5。

9. 兵七平六,将 4 平 5。

10. 炮六平一,卒 3 平 4。

11. 炮一退三,卒 5 进 1。

12. 帅六退一,卒 4 进 1。

13. 兵六平五,将 5 平 6。

14. 炮一平二,卒 5 平 4。

15. 帅六平五,后卒平 5。

16. 兵五平四,将 6 平 5。

17. 兵四平五。

双方成和。

第130局　红鬃烈马

着法:红先(图130)

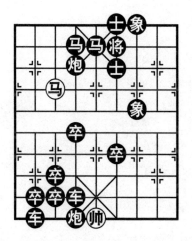

图130

1. 马七退五,车4平5。

2. 帅五进一,炮4平7。

3. 马五进六,象7退5。

4. 马六进八,前卒平4。

5. 帅五平四,卒6进1。

6. 帅四进一,车2平6。

7. 帅四平五,卒3平4。

8. 帅五平六,后卒进1。

9. 帅六退一,卒4进1。

10. 帅六平五……

红如帅六进一,车 6 平 4;帅六平五,马 4 进 2,黑胜。

10. ……卒 4 平 5。

11. 帅五进一,车 6 平 5。

12. 帅五平四,车 5 退 2。

13. 帅四平五,炮 6 平 4。

14. 帅五退一,象 5 进 7。

15. 马八退六,象 7 退 5。

16. 马六进八,卒 2 平 3。

17. 帅五平四,炮 4 退 3。

18. 帅四进一,卒 3 平 4。

19. 帅四平五,炮 4 退 1。

双方成和。